50代で初の海外留学

Dream come true

人生で夢をすべて実現！

伊藤 千明
Chiaki Ito

文芸社

はじめに

　この本は、これから留学を志す若い世代の人達や、若い時に海外留学をしてみたいと思っていたが環境が整わず夢を断念してしまった私と同年代の方達に、夢は諦めさえしなければ必ず叶うのだというメッセージを送るために執筆しました。
　どれほどの情熱を持って人生を生きているのか、自分の人生を変えられるのは他の誰でもありません、貴方自身です。また、環境が整うのを待っていたら永久に夢は叶いません。チャンスは自分で創るものです。どうすれば夢の実現に少しでも近づけるのか考えて行動を起こしてください。
　時間は待ってはくれません。
　行動を起こした分だけ、貴方は確実に夢に近づいています。何もしなければ、一歩も前には進めません。
　私は今までに多くの夢を実現させてきました。家族や友人達から以前は「何を夢みたいなことを……」と言われ続けてきましたが、今は私が何をしようとしても、誰も「馬鹿げた夢」などと言わなくなりました。千明なら今回もその夢を実現し成功させるかもしれないと期待を寄せて応援してくれているからです。

CONTENTS

はじめに ———————————————————————3

自身の夢をすべて実現させる ————————————————7
ユニークな生い立ちと周りの環境 ——————————————9
不思議な館「木曽館」—————————————————11
自分の性格を変えるきっかけ ————————————————14
若い頃から苦労続きの母 ——————————————————16
母の人生の転機 ———————————————————————17
「子供英会話スクールリトルビレッジ」を開校 ————————18
当初は不安定なスクール運営 ————————————————22
無責任な外国人教師達を一掃したシンプルな契約書 ——————25
突然の警察からの電話 ————————————————————28
信じられない裏切り行為で不眠症に…… ———————————29
生徒達が毎回楽しみにしていたスクールイベント ———————32
開校2年目から開催した海外語学研修ツアー —————————36
最後になった海外研修ツアー ————————————————38
22年間のスクール経営に終止符 ———————————————40
生徒や保護者との強い繋がりを生んだ英検受験 ————————43
閉校前に起きたスクール最大の危機 ————————————45
20周年記念パーティーを無事に開催 ————————————47
長年にわたるオーストラリアとの関わり ——————————50
あと一歩で逃した永住権 ——————————————————52
英会話教授法取得のためオーストラリア留学を決意 ——————55

留学前に５大プロジェクトの敢行――――――61
オーストラリアはどんな国？――――――64
美しいマンリーの街――――――69
お洒落な店が立ち並ぶコルソー――――――70
健康に気を使うマンリーの住人達――――――72
チャリティーが盛んな国――――――74
絶景スポットのノースヘッドとサウスヘッド――――――75
野鳥の楽園マンリー――――――78
マンリーの高級レストラン――――――80
深夜まで開いているマンリーのスーパー――――――81
個性的な旅行会社のスタッフ――――――82
オーストラリアは自己主張と交渉の国――――――86
オーストラリアでの家賃交渉――――――87
オーストラリアのホームステイ事情――――――90
３件目で初めて出会えた親切なホームステイ先――――――97
スクールに通いながらの住まい探し――――――100
初めての海外留学の初日――――――103
中級レベル Intermediate のクラス――――――105
ネイティブも受験をする IELTS――――――108
IELTS の担当教師ケイト――――――110
全員受験のケンブリッジコースで
　　　　二度目のベストステューデント賞――――――116
受けられなかったケンブリッジテスト――――――124
地獄のサバイバルコース TESOL Ⅳ――――――129
過酷なピアレッスン――――――131
プロの速記能力が必要な Teaching method の受講――――――134

ひどい中国人 Group leader の仕打ち————————————136
TP（Teaching Practice 実習）のスタート————————138
不信感を抱かせた覚書へのサインの要求————————139
不信感が決定的に————————————————————142
最後の週の TP でレッスンに遅刻で6ポイントの減点—143
追加実習の第9週目————————————————————146
最後の TP 実習で前々日に内容変更————————————149
留学で出会った50歳の
　　　　　オーストラリア人ボーイフレンド——————153
お世話になったマンリー図書館に恩返しを……————155
カソリックの教会でボランティアの英会話レッスン——157
日本に一時帰国して書籍のプロモーション活動を決意—160
24日間期間限定のプロモーション活動に成功！————164

あとがき　　　　　　169
追伸あとがき　　　　170
帰国後現在の活動　172

※この書籍に登場する人物は、本人の許可が取れている人以外は全員名前を変えています。尚、許諾のない人物写真はぼかしを入れました。

自身の夢をすべて実現させる

　デザイナーになりたい、外国に行きそこに住んでみたいというのが子供の頃からの夢でした。

　名古屋モード学園卒業後、ワーキングホリデー制度を利用しオーストラリアへ行き、日本人向けの地元紙「日豪プレス」に広告「貴方に似合う素敵なドレスを作ります。デザインから仕立てまでスピード仕上げ」を載せ、顧客を募り、洋服の仕立てだけで1年間親からの仕送りなしで生活をする――この体験が、名古屋の地元紙である中日新聞のコラム「回転いす」という欄で「人生はチャレンジです」のタイトルで紹介されました。

　帰国後しばらくの間、名古屋の大手アパレルメーカーのタキヒヨー株式会社、モリリン株式会社の企画室でデザイナー職に就いていたのですが、のちに起業。外国人教師が教える「子供英会話スクール Little Village」を開校し、成功させました。日本では毎年、桜並木が見事な名古屋市内に3LDKのマンションを購入。2016年に『Phonics英会話教育法』を自費出版。現在も出版継続中！

　22年間のスクール経営を終え、再びオーストラリアに今度は留学をして世界的に認められている TESOL Ⅳ（テェーソル・フォー）「政府認定英語教師の資格」を2018年に取得。次の目標はこの二度の出版を成功させて、22年間の経験と知識から導き出した日本の子供達への正しい英

語教育法を全国に広めて行くことです。これはもう夢というよりも使命感から行動を起こしています。自身の夢を叶え追求すると、その延長線上に自分がなぜこの世に生を受けたのかが理解できるようになり、自身の使命が見えてきます。ここまで来ると、天が味方をしてくれ、自分の周りに不思議と協力者が現れます。自分の考えに共鳴する人達が現れるのです。

　なぜ、天が味方をしてくれるのか。それは、人は本来幸福になるためにこの世に生を受けたはずなのに、あまりにも不幸な人生を送る人が多いからだと思います。一度しかない大切な人生を、すべて環境のせいにして夢を実現させる（使命を果たす）ことを忘れ、日々の生活に追われて自分を磨く努力も行動もしなくなってしまうと、天も見放してしまうのだと思います。こういう感覚は、私の宗教観に基づくものですが、何も宗教を信じていない人でも同じような感覚は必ずあるはずです。私はスクール運営中、常に生徒達を第一に考えて行動を起こしていました。自分のために行動をしたことはありません。だからこそ、生徒達やその保護者達から深い信頼を得ることができ、事業も成功したのだと思います。ここに成功の鍵があります！

　その行為が自分のためか？　人や社会のためか？

　私は仕事そのものが社会貢献だと思っています。そして、実社会との接点です。人は仕事をしなくなると社会との接点がなくなり、世の中の動きが見えにくくなります。貢献が大きければ、当然その見返りも大きなものになります。経済的にもゆとりができます。働かない人間がどれだけ屁

理屈を並べても、真面目に仕事をしている人の社会貢献を否定することはできません。日本では仕事をしない人を一時ニートと呼び社会問題になっていましたが、この Neet（ニート）の本来の意味は、イギリスで、義務教育後に家庭の事情で進学ができず、年齢が未熟で経験不足のために仕事がしたくてもできない、政府が保護する Teenager（10代の若者）の人たちを差し、決して仕事をしないことを肯定するための言葉ではありません。

このスクール経営の経験が、のちに海外留学を決意した大きな要因となりました。私の生涯をかけて成し遂げる仕事を決定付けました。特にこのスクール経営に関しては、あとで詳しく述べさせていただきます。

ユニークな生い立ちと周りの環境

さて、まず初めに私のユニークな生い立ちからお話をしたいと思います。私は2歳から6歳の小学校に行く前の4年半の間、両親と離れて暮らしておりました。父の義母のお店を手伝うために、母は私と10歳年の離れている姉を私達の祖母に預けました。母は義理の姑に気を使い、休みは月に一日だけで、私達に会うのは月に一度だけでした。

私は幼少の頃は大変なおてんば娘で、よく天井まである和タンスの引き出し1段ずつ段差をつけて開け、一番上まで上り床に飛び降りていたそうです。同じ家に住んでいた叔父に叱られ、真っ暗な押し入れに閉じ込められたことも

ありました。離れに住んでいた、一つ年下の従兄弟の男の子とは同じ保育園に通い、いつも一緒に遊んで、よく取っ組み合いの喧嘩もしていました。喧嘩の原因はたいてい五目並べの勝敗でした。叔父が私達に囲碁の五目並べを教えてくれ、勝った方が叔父から50円をもらえたからです。

　どうも、このおてんばな性格は母親ゆずりのようです。母も子供の頃は「朝鮮馬力」というあだ名を付けられ、よく教師に叱られて、バケツを持って廊下に立たされた記憶があると話していました。その母とは、月に一度しか顔を合わせないせいか、ある日母親の顔を思い出そうと試みたのですが、どうしても思い出すことができません。でも、それが悲しいことだという意識はなかったように思います。母親が帰る時も、泣いて後を追うこともなかったそうです。

　祖母の家は、若くして亡くなった祖父が興和紡績会社の役職をしていたこともあり、大きな日本家屋でした。玄関口に土間と接客用の部屋があり、3部屋続きの広い畳部屋には襖の上に欄間が取り付けられていました。祖母は、結婚をする前に東京の日赤看護学校を卒業して名古屋の大同病院で看護婦をしていたそうです。

　船大工だった曾祖父が作った座卓で細長い引き出しが付いたダークブラウンの小さな机が私のお気に入りで、よくその机の上で絵を描いていたそうです。座卓なのに洋風の脚が付いていたのがお気に入りの理由でした。

　祖母から譲り受けて最近まで所有していたのですが、他のアンティークテーブルとの入れ替えで売却しました。その畳部屋の一番奥にある縁側で、小さな中庭を見渡すこと

ができました。右隣に汲み取り式のトイレがあり、夜このトイレに行くことがとても怖かったことを覚えています。

　薄暗い廊下を通り抜けると奥に台所があり、二つの大きなかまどで祖母が毎晩夕食を作ってくれました。お風呂のお湯は薪で焚いていたので、湯加減の調節をいつも浴室から大声で伝えていました。台所とお風呂場の奥の野外にポンプ式の井戸と洗い場があり、姉がたらいと洗濯板を使い天気の良い日には自分の服を洗って庭に干していました。

　夏には冷たい井戸の水でスイカを冷やして皆で食べ、裏庭で採れた新鮮な野菜を祖母が美味しく調理し、ガス窯で炊いたホカホカのご飯を皆で食卓を囲んで食べたことは貴重な思い出です。祖母は私が２～３歳の頃はよく背中に背負い裏庭で子守唄を歌ってくれていました。祖母が私の母親代わりでした。

　しかしながら、このまま両親と離れ離れに暮らすことはまだ幼い妹にとって良いことではないと考えた姉は、私が小学校に上がるのと同時に私を引き取り育てることを両親に訴えたそうです。姉は当時高校生で、そのまま祖母の家に住むことを望みました。

 不思議な館「木曽館」

　両親が当時住んでいたのは、「木曽館」と呼ばれていた大きな建物で、その名の通り昔旅館を営んでいたようです。名古屋の中村区、駅裏で戦前は遊郭があった場所でもあり、

戦後もあまり治安が良くなかったと聞いています。その遊郭の名残のような建物を父の義母が買い取り、1階で水商売を始めました。料金が高額であるにもかかわらず、当時は毎晩のようにお客が入り、それなりに繁盛していたようです。義理の祖母はその家の住人達からママさんと呼ばれ、その家のボス的な存在でした。その店以外にもう1軒別に小さなBarを経営し、別荘地の自由ケ丘に大きな庭付きの家も所有していました。そのような環境を憂慮し、私たちを引き取りそこで育てることに、母親が消極的だったことは理解できます。

　初めてその家を見た時はとても驚きました。内部の構造はまるで迷路のようで、家の真ん中に真っ赤な大きな階段があり、その壁全体に鏡が張られ、1階の浴室の脱衣所の床はガラス張りで、足元を鯉が泳いでいたのです。2階は中池が見渡せる渡り廊下があり、2階の離れの部屋には赤い渡り橋を通って行かなければならず、家の中なのに雨の日は傘をさしてその部屋へ行きました。1階の台所につながる、人ひとりが通れるくらいの隠れ階段があり、私はそれを「秘密の階段」と呼び、学校の友人達とかくれんぼをするときによくそこに隠れていたのを覚えています。部屋数は多かったのですが、店で働く住み込み従業員がいたため、私達親子3人の居住スペースは6畳1間だけで、2段ベッドに学習机と食器棚を置き、こたつ机で食事をしていました。

　旅館部屋なので、床の間分のスペースがありましたが、そこにもタンスとその上にテレビが置いてあり、いったい

何をする部屋なのか、外部の人が見たら分からないような部屋でした。その部屋の前の中池に面したわずかな通路スペースに冷蔵庫と食材が置いてあったと記憶しています。

　昼間は自由に部屋を行き来できても、夜はその狭い部屋からトイレに行く以外、一歩も出ることを許されなかったのです。そのうえ、父は大酒飲みで、酔うと大きないびきをかくので、たびたび耳栓をして寝ていました。

　家の中はいつも大勢の人で賑やかで、皆ママさんのご機嫌を伺いながら生活していました。母は、そのお店の会計係で、料金が全額支払えなくなった来客者の家に行き、借金の支払い請求をするという、いわば人の最も嫌がる仕事をさせられていたのです。昼は集金、夜は店の手伝いをしなければならず、毎日が慌ただしく、子育てに専念することなど不可能でした。

　私は半ば放任状態で、勉強が嫌いで学校の成績が悪くなり、小学校２年生の頃には家庭教師を付けられたのですが、その家庭教師はいつも姉の大学の友人でした。一度、姉の大学のサークルのキャンプに参加したいと無理を言って連れて行ってもらい、一緒にキャンプファイアーを楽しみました。でも、姉の本音は私のようなこぶ付きでは行きたくなかったようです。その家庭教師のおかげで、学校の成績は親も喜ぶほど良くなったのですが、小学校６年生の時に「これからは自分で勉強をするから家庭教師を付けないで欲しい」と親に交渉をして納得させることに成功しました。

　姉とのエピソードをもう少しお話しします。

　私がまだ祖母の家で育てられていた５歳頃のことです。

クリスマスの夜にどうしても離れにある姉のベッドで一緒に寝たいと私は駄々をこねました。次の日の朝、枕元に板チョコが1枚置かれていたのを見つけ、サンタクロースがここまで来てくれたと大喜びで従兄弟に見せに行きました。ところが、その従兄弟の家にはサンタクロースのブーツに入ったお菓子と玩具が届けられていたのです。私は、「サンタクロースは不公平だ」と泣いて不満を言ったのですが、今思えば高校受験を控えた中学生の姉には板チョコが精一杯のプレゼントだったのでしょう。

自分の性格を変えるきっかけ

中村に引っ越してきたばかりの頃は、環境が激変したせいか、内気でなかなか友人をつくれずにいましたが、4年生の時の担任の先生が、ホームルームの時間にクラスの児童達で積極的に意見交換をする時間を設けてくれ、それに触発され自分の意見を発表するようになりました。初めてクラスメイト達の前で意見を述べた時は、大変な勇気が要りましたが、二度、三度と発表しているうちにそのハードルがどんどんと低くなっているのに気づき、そのうち皆の前で意見を述べるのが楽しくなっていきました。これが自分自身の環境（状況や性格）を変えた最初の体験です。

私は本来おてんばな性格だったので、その頃にはクラスの友人達と「おてんば3人組」というグループを結成し、リーダーシップを発揮していました。担任の先生からもグ

ループ名で呼ばれるほどクラスでも目立っていたようです。このグループに入るには条件がありました。学校の階段の５段目以上から飛び下りられること、鉄棒の逆上がりができること、私の家の屋上のベランダの大瓦屋根に登り、上からベランダ側まで屋根を滑り台にして下りて来られることなどです。

　天気の良い日は布団が屋根に干してあり、この暖かい布団の上に寝転がって空を見上げるのがとても気持ち良く、大人達に見つからないようにこっそりとやっていました。

　この屋根を滑って下りて来る遊びはとてもスリルがあって面白かったのですが、ある日、屋根の一番上まで登って屋根の上にまたがり友達と遠くの景色を眺めていたら、反対側の車道から大人達に見つかり、大声で「危ないから早く下りなさい」と大騒ぎになったことがありました。

　よく学校帰りにランドセルを自宅の玄関に置き、そのまま友人達と自転車で出かけていました。できるだけ遠くまで、まっすぐに行き、暗くなりかけたら元来た道をまた、まっすぐに戻るという冒険を楽しんでいました。なぜ、まっすぐに行くのかというと、道を曲がらなければ迷うことがないからです。

　中村公園の池でボートを漕ぐ遊びもよくしました。お陰で、今でもボートを漕ぐのは得意です。私の子供時代は本当に子供らしい遊びをしていました。

若い頃から苦労続きの母

　なぜ、母がその家に入ることを決意したのか。のちの母の話では、その当時の母の給料は１万円でしたが、いきなりその何倍もの給料を保証してもらえ、その上、この家の権利もいずれ長男である父に譲ると言われたからだそうです。当時、父は瓦師をしていたのですが、その仕事は天候に左右され、収入は不安定な状態でした。

　母は15歳の時に結核で父親を亡くしてからは、5人姉妹弟の長女としてオフィスビルの公衆電話機の消毒の仕事や、祖母が大同病院の婦長を知っていたので、そこを紹介してもらい、結核患者が入院する病院のシーツの洗濯と交換などあらゆるアルバイトをして家計を支えたそうです。

　祖父の葬儀の日に、金目の物はすべて祖父方の親戚が来て持って行ってしまったので、家の中にはもう何もお金に変えられそうな物は残っていなかったそうです。祖母は後妻という立場から親戚達に文句は言えなかったのです。

　それまでの母の生活は、自宅にお手伝いさんがいるようなお嬢様育ちで、当時としては珍しく女学校まで進学をし、高等教育を受けていたそうです。何不自由ない生活から一変、食べるものまで不自由するような状態に陥りました。

　私は「金銭は親子も他人」と昔から母に言い聞かされて育ちました。お金で大変な苦労をした母が、そんな話を持ち掛けられて、つい乗ってしまうのも無理はありません。

代償は子供達を実家に預けて仕事に専念することでした。しかし、その給料は15年以上働いてもほとんど上がることはありませんでした。バブル崩壊後、客足は途絶え、お店も閉店することになり、結局両親はその家を出て、名古屋市内に3DKの中古マンションを、父の年齢でぎりぎりのローンを組んで購入し、そこで3人暮らしをすることになりました。この時、父がもし家を出ないと言ったら、母は離婚する覚悟でいたそうです。それほど、その家に愛想が尽きていたのです。

 母の人生の転機

　その頃、父は転職をした中途採用の公務員を定年退職し、再就職先の眼鏡会社ではメガネの運搬が主な仕事でした。元々、父は車の運転が大好きでしたので、まさにその仕事は彼にとって天職であったようです。母はのちに何度もこの引っ越しが人生の大きな転機であり、そのあとは本当に自由でまともな生活が送れたとしみじみと舒懐(じょかい)していました。還暦を前にして、人生の幸せをかみしめていたようです。

　この引っ越しのきっかけを作ったのは実は私でした。私が22歳の時に創価学会に入会をして、5年後、母にも信心を勧め入会をさせたのですが、義理の姑に創価学会をやめるかこの家を出るか二者択一を迫られ、母は家を出る方を選んだのです。

その時の私は、ある外資系会社の子供英会話スクールでチーフセクレタリーをしていました。東京本部から様々な仕事の指示がありましたが、実質的なスクール運営の権限はチーフセクレタリーに任されており、イベントの開催から参加者の募集、外国人教師が病気でお休みする時には代わりの教師を手配しなければならず、新たに採用する外国人教師の面接もしていました。

　あるイベントでは大型クルーザーを一艘ごと借り、300人近い参加者を集め、名古屋港をクルージングする船上クリスマスパーティーを開催したこともありました。プロのカメラマンに依頼して、パーティーの様子を１本の記録ビデオに作成し、それを参加者に販売しました。このイベント参加者は「さすが外資系Bスクールですねぇ。こんな豪華なイベントは他の英会話スクールで聞いたことがないです」と言われ、内心愉快でした。そのスクールが企画したのではなく、すべて私個人の発案で、本部には「このようなクリスマスパーティーを開催しました」と報告しただけでしたから。仕事は多岐にわたりましたが、とてもやりがいを感じその仕事を楽しんでいたのです。この経験が、のちに「子供英会話スクールリトルビレッジ」を起業する因になりました。

「子供英会話スクールリトルビレッジ」を開校

　そのスクールを辞めたあと、一旦アパレル業界に戻り、

企画室のデザイナーになったのですが、どうしても自分の力を試したくなり、起業しようと思ったのです。

　でも、どんな事業を起こせば良いのか分からず、友人を訪ねてオーストラリアのパースへ行き、休暇を兼ねて２カ月間そこでじっくりと考えることにしました。

　まず、私に何ができるのか考えました。アパレル業界でのデザイナー経験から、私は衣服の企画販売と流通を知っています。以前ホームステイをし、その後も連絡を取り合っていたオーストラリアのホストマザーが、手作りのプリントＴシャツを作っていることを知りました。それを日本に輸入して、手作り風の衣服を自社で店頭販売している会社に売り込むことを考えました。実際に本社までサンプルを持って行きましたが、販売価格がかなり高くなることと、要望通りにアソート数を揃えることが困難だと分かり断念しました。

　アパレルの仕事でなければ、次に自分にできる仕事は何かと考えた時に即、それなら「英会話スクール」だと考えが及んだのです。そう決めてからスクールの開校までに要した時間はたったの４カ月でした。その４カ月間でマンションを探して賃貸契約を結び、オーストラリアの友人に現地でネイティブ・イングリッシュの教師を見つけてもらい、日本から雇用契約をし、教室で使う備品（ホワイトボード、テーブル、椅子など）を用意し、１万枚のチラシを作り、開校前にそのポスティングをすべて終えました。１万枚のチラシの量とは引っ越しに使用する段ボール箱４個半分です。

さらに教材とカリキュラムを用意しましたが、これらは開校後も少しずつ揃えて行き、初めの半年で1レベル4週間×6カ月＝24回分のカリキュラムを完成させました。半年で一巡し、また1回目のレッスンを受講するようにしたのです。クラスは5段階レベルになるので、24×5＝120回分のレッスンカリキュラムを半年で作成しました。どうしても必要な運転免許は、お金を節約するために教習所には通わず、平針運転試験場で毎回練習場の予約を取って練習を重ね、試験もそこで受けました。そうしてスクール開校前に無事免許も取得できたのです。実は、オーストラリアに住む友人から、知人である現地のドライビングインストラクターを紹介され、パースでも運転の練習をしていました。あちらでは、ペーパーテストに受かると、すぐに公道を走るのでとても怖かったです。"I'm scared！"「怖い～！」と叫びながら車を運転していました。

　その当時は、パソコンよりもワープロの時代でしたので、中古のワープロを購入して、添付されていた説明書を読み独学で使いこなせるようになりました。購入してわずか3日で、そのワープロを利用してチラシを作成していました。開校してから数年後にパソコンを導入し、メモリーを入れ替えた時も、ワープロが使えていたので、別にパソコンスクールに通わなくても、それほど苦労もなく使いこなすことができました。

　何とこれだけのことをわずか4カ月ですべてやりのけてしまったのです。自分でもなぜできたのか不思議です。多分、人は夢の実現が目前に迫っている時には一切の疲れや

不安を感じることがなく、ただその準備をやりきることだけにエネルギーを集中させるので、一切の無駄な時間を排除できるのだと思います。

確かにこの時の時間感覚は、普段よりも長く感じていました。一日がとても長く感じられたのです。まだ、午前中だから午後にはこれができる、今日はこれをしたから明日はあれをしなくてはいけないという具合に無駄のない行動予定が次々と立っていくのです。優秀な人材とは、常に仕事に神経を集中させている人なのではないでしょうか。

人は私の行動には無駄がなく、常に次の行動を瞬時に取っていて、外から見ているとまるですべて計算して動いているかのように見えると言いますが、実はそうではなくて目前の課題を一つずつ解決しながら、次は何をするべきか考えながら行動をしていると言った方が正しいです。**実際に行動を起こすとその結果が現れるので、その結果に応じて次の行動の判断をしています。つまり、事前の予想通りには行かないことが多く、常に行動の調整をしているのです。**

「人間は考える葦である」とフランスの数学者パスカルが自身の書籍に書いていますが、**考えることは誰にでもできます。そして、お金もかかりません。どんなに頭を使っても減ることもないので使わなければ損です。**頭の中でいろいろとシミュレーションを描き、どの方法がベストか考え、そして一度決めたら、ためらわずに行動を起こしてください。この「ためらわず」というのも成功の秘訣です。**頭の中で考えていても、実際の行動を起こさなければ、何も実**

現しないからです。

　夢を叶えるには勇気が要ります！

　逆に言えば、勇気がなければ、人は幸せになれないのだと思います。私は必ず英会話スクールを成功させると決意をしていたので、周りの心配をよそに私自身には一切不安はありませんでした。

当初は不安定なスクール運営

　それだけの準備をし、万全を期して開校前に配布した1万枚のチラシのフィードバックをスクールの電話の前で待っていたのですが、3日待っても1件の問い合わせもありませんでした。チラシを見た100件に1件は入会者が現れると本気で信じていたので、私の計算では開校時には100人近い入会者が現れるはずでした。実際は、広告だけで生徒を勧誘できたのは6～7人で、あとは友人達の協力で集めた人数を合わせて18人、開校時はその生徒数でのスタートでした。本当に必死になってかき集めた生徒数でした。

　何か事業を起こす時には思い切りが必要だと人は言いますが、私の場合は楽観的な性格が良かったようです。これだけの生徒数でも開校前に集められたのなら大成功だと、のちに同じように起業をされた方から言われました。

　たいていの事業は、初めの3年間は赤字覚悟で始めなければいけないそうですが、私の場合、そんな余裕は一切ありません。ギリギリの予算で開校し、親からの金銭的サポ

ートも初めから当てにはできませんでした。赤字を出さないようにする必要があり、開校月から赤字にならない最低限の生徒数を集め、半年で50名を超え、3年後には大台の100名を超えました。開校時の出費は、最初の半年ですべて回収でき、以来リトルビレッジは一度も赤字を出したことがありません。

　本当に大変だったのは開校後でした。オーストラリアのパースから招き採用した大学卒業したての23歳の美人教師は4LDK教室の一室での住み込みが採用の条件であったにもかかわらず、プライバシーがないと文句を言い、たった1週間のクラスレッスンを取っただけでスクールを出て行ってしまったのです。家族で彼女のウエルカムパーティーを開き、毎月の光熱費と家賃と休暇を保証したあげくの果ての仕打ちでした。しかも、その日のクラスが始まる3時間前に出て行きました。

　考える間もなく、すぐに代わりの教師を探さなくてはいけません。幸いまだ教師の採用を決めていない時に、名古屋市在住の大勢の外国人教師と連絡を取っているティムさんと知り合えていたので、その方から仕事を探している教師をすぐに3人紹介してもらいました。そのうちの1人、イギリス人教師のその日の予定が空いていたので、さっそくスクールに来てクラスを受け持ってもらうことにしましたが、なんと、彼がスクールに到着したのと生徒が教室に来たのが、ほぼ同時でした。

　あの時、もし代わりの教師を手配できていなければ、私のスクールはわずか1週間でクローズするはめになってい

ました。これも天が味方をしてくれ、そのティムさんと連絡を取らせてくれたのだと感じています。そのティムさんとは一度も会ったことがなく、電話で話をしただけでしたが、「私のスクールがなんとか危機的状況を乗り越えることができた」と伝えると、電話口で「それは良かった」と心から喜んでくれたのです。

　まず言えるのは、どんな状況になっても決して諦めないことです。悲観して諦めてしまったら状況は変わらないどころか以前よりも悪くなります。そして、いざという時のために、できるだけ多くの人と知り合っておいた方が良いです。常に敏感なアンテナを張り、自分の味方になってくれる人を見つけてください。いつも真面目で一生懸命な人には、困った時に必ず助けてくれる人が現れます。周りから好かれる人になることが夢の実現の第一歩です。なぜなら夢の実現には多くの人の協力が不可欠で、それなしでは不可能だからです。

　次に、人から感謝される仕事（行動）をし、決して自分の力を過信して傲慢にならないことです。人は傲慢になると周りの人の意見をなかなか聞けなくなり、お世辞を言う人ばかりと繋がりたがります。人生が順調な時はそれでも良いのですが、一度傾きかけると誰からも見向きもされなくなり、最後は惨めな人生を送ることになります。だから、成功をしている時こそ人の話を良く聞き、ますます謙虚になってください。そして常に明るく朗らかにしていれば自然と周りに人が吸い寄せられてきます。おそらく、多くの人は既に分かっていることでしょう。しかし、この至極当

たり前のことが、いざ実践しようと思うと大変難しいのです。

　最後の秘訣は自分を信じることです。自分の力を自分の人生を信じてください。人は何か目的を持ってこの世に生まれて来ています。その、目的を探してください。よく世間では自分探しの旅とか比喩されていますが、私は自分の人生の目的探しだと思います。**必ず自分にしかできないことがあるはずです。**

無責任な外国人教師達を一掃したシンプルな契約書

　こうして大変混乱した状態で始まったスクール経営でしたが、5年、7年と年月を重ねるごとに、運営ノウハウが自分の中で徐々に確立されていき、たいていのことでは動揺しなくなっていきました。しかし、最初の5～6年間は驚くことばかりでした。まず、何度注意してもいつもクラスの始まる時間ぎりぎりにしか来ない教師、毎回彼が来る日は、今か今かと窓からのぞき込み、時計を見てハラハラしながらスクールで待っていました。当の本人は何の悪びれた様子もなく、平然とレッスンをして帰ります。

　また、せっかく採用をしたにもかかわらず、教師が突然何も言わずに来なくなり連絡も取れない状態になることも珍しくありませんでした。その経験から、クラスに遅刻をしたら、罰金を科して給料から天引きすることにしました。初めの1分～15分の遅刻で1クラス分の講師料を給料か

ら差し引き、16分以上の遅刻で2クラス分を差し引くと決め、無断欠勤をした場合は雇用契約の解除もありえることを契約書に明記したのです。クラスの始まる30分前にはスクールに到着し、レッスンの準備をするという項目も入れました。スクール経営3年目の頃には2人の外国人教師を正社員として採用できる経営状況でしたので、雇用契約には遅刻に対する厳しい項目を入れました。次に教師としての心構え、毎月の給料と年間の有給休暇、給料の支払いは月2回とし、常に1週間分はデポジットとして次の給料支払いにまわす（これは、突然辞めて姿を消す教師をなくすため）、生徒数の増減に対してのボーナスの支給の有無、契約途中で仕事を辞めなければならない事情がある場合は3カ月前に申告をして、代わりの教師をスクールに紹介するなど、安定したスクール運営をするためにどうしても教師達に守ってもらいたい項目だけを契約書に明記し、できるだけシンプルで分かりやすい内容にしました。

　給料は他の大手英会話スクールとほぼ同額にしましたが、拘束時間は大幅に短くしたので、良い教師を他の大手スクールに引き抜かれることもありませんでした。生徒達の受講料の支払いは回数分にして、教師達の給料は毎月定額の月給制なので、年間4週間のスクールの休みにも教師達に給料支払いをすることが可能でした。つまり、1年は52週間あり、4週間を引くと48週間になります。レッスンは週に1回ですから年間受講料の48回分は支払いされるので、48回分÷12カ月＝月4回分の支払いになります。この計算で1クラス2.5人の生徒数がいれば、スクールが

赤字にならずに教師の月給を保証することができたのです。給料計算は、単純にその教師が受け持つクラス数×1万円にしました。多い時で各教師が週に23〜27クラスほど受け持ちがありました。でも、拘束時間は24〜28時間です。他の大手英会話スクールでは40時間もの拘束時間があったので、教師達には大変好評でした。しかし、生徒数が減るとクラス数を削り、それが即、給料に影響する仕組みです。各々教師達は競争をするかのように生徒数を減らさないように務めてくれました。各教師達のクラスアベレージ（各クラスの平均生徒数）をスクールのミーティングで伝えていました。そして、必ず毎回恒例にしていたのが、実際の採用前に1対1での面接をし、次にクラスへ参加して実習レッスンを1週間してもらう（この実習は基本無償）ことです。その間の交通費は保証し、さらに契約をするためにもう一度来校してもらいます。三度目に会う時には、その新人教師は、既に自分がこれから教える生徒達のことも、以前の教師がどのような人物で、どんなレッスンをしていたのかも知った上で仕事を始められるので、採用される側としても安心できるようです。また、生徒達にとっても、慣れ親しんだ教師とのお別れができ、新しく担当してくれる教師の人柄も知ることができるので、このシステムはとても有効でした。実際に仕事を始める頃には、ほとんどの新人教師がリトルビレッジのきめ細かいレッスンカリキュラムやスクールの雰囲気、そして利発な子供達を好きになっていたのです。「生徒数の増減でボーナスの有無」の項目は、体験レッスンなどの際の教師達のモチベーショ

ンアップにも効力がありました。

　私は大学を出ておらず、経営学など何も知らない無知な経営者であったにもかかわらず、この契約書はのちに「採用は名古屋市在住の教師に限定する」という項目を追加しただけで、ほとんど何も変更を加えることなく、22年間の安定したスクール経営に大変な成果をもたらしました。また、教師が自分で後任を探してスクールに紹介をするというシステムも、教師達に良い意識作用を及ぼしました。今まで自分が一生懸命英語を教えてきた可愛い生徒達を変な後任教師に任せたくないという意識です。それほど、教師と生徒達の間には友好関係ができ上がり、スクール経営者の私と教師との間には信頼関係が構築されていました。良い教師には、必ず良い友人や知り合いがいます。もちろん、採用した教師達を常にサポートし、教師達から信頼を得ることにも努力しました。私はいつも教師達に生徒達に直接接する貴方達がハッピーでないと、生徒もハッピーになれないから、何かあったらいつでも私に連絡をしてほしいと言っていました。

突然の警察からの電話

　ある時、警察からスクールで雇用している教師の件で私の携帯に電話がありました。私が彼の雇用主であることを確認した上で、彼がどうしても納得してくれないので通訳をしてほしいと頼まれ、電話口でその教師と話をしました。

彼の話では、コンビニで買い物をしている間に駐禁で車をレッカー車で警察に運ばれてしまい、どう言っても車を返してくれないということでした。すぐに警察官に代わってもらい彼の身元を保証し、彼には夜仕事が終わったら一緒にその警察署に行ってあげるから、まずスクールに来るように伝えました。

　そして、レッスン終了後に私の車でその警察署に行き、罰金と警察署のコインパーキングの駐車料金を立て替えて無事に彼は車を返してもらえたのです。もちろん、立て替えた金額は本人も納得の上で給料から天引きをしました。

信じられない裏切り行為で不眠症に……

　私が精神的に最もダメージを受けた事件がありました。それは、まだこのような採用システムを導入する前の出来事ですが、採用のため面接に来たある男性のことです。日本で3年間英語教師として働いた経験があり、子供も教えていたということだったので、一度の面接で彼の採用を決めてしまいました。ビザが終了するので、治療を兼ね、一旦オーストラリアに帰国し、再び日本に戻ってくるとのことでした。オーストラリアと日本の間で何度もFaxのやり取りをして、移民局で彼の3年間のワーキングビザを発行してもらい、それをビジネス航空便で送りました。

　しかし、日本に来る途中、マレーシアを旅行中に気が変わり、たった1枚のFaxをマレーシアから送って来ただ

けで、そのままUターンしてオーストラリアに戻ってしまいました。そして、彼が代わりになるはずだったその時の教師の帰国は2週間後に迫っていたのです。

またしても絶体絶命の状況でした。そのFaxを見た次の日に名古屋の国際センターに行き、私がインフォメーションボードに求人募集を貼ったのと同時に求職のメモをボードに貼る男性がいたので、そのメモに書かれていた連絡先に電話をかけました。事情を話して、すぐにそのボードの場所に戻ってきてもらい、拉致をするかのように彼を私の車に乗せ、スクールに連れて行き、そのままクラスに参加してもらったのです。

スクールの教師達は、私のあまりにも早い対応に2人とも驚いていました。そんなドタバタ劇の新人教師採用でしたが、この教師が思いもかけず良い教師で、生徒達から大変好かれるようになりました。22年間のスクール経営でも人気教師トップ7に入ると思います。問題の教師は、移民局からもリトルビレッジで働かないのであれば、そのビザは無効だから返還するように通達が来ていました。ですので、本人にビザを直接日本の移民局に返還するように伝え、「もし返還しなければ、貴方の名前がブラックリストに載り、永久に日本の地に降り立つことができなくなる」と伝えたところ、脅しが効いたのか、すぐに返還したことを伝えてきました。もし、彼がビザを返還しなければ、かなり面倒なことになるところでした。

教師採用でこのような不祥事があると、移民局から教師達の管理が行き届いていないと思われ、次回の教師のワー

キングビザの申請が通らなかったかもしれません。苦労してビザを申請したのに、今度はそれを返還してくれるか心配をしなければならず、自分でもなんて馬鹿なことをしているのだろうかとつくづく自分の仕事が嫌になりかけました。

　問題はすべて無事解決し、何の心配もないはずでしたがそれ以後不眠症になってしまい、2週間も夜まったく眠れない状態が続いたのです。不眠症になどなったことがなく自分自身で認めたくなかったので、病院には行かずにいたのですが、夜眠れない不安と倦怠感で仕事への集中力もなくなり、その不安定な精神状態が教師達にも分かるほどでした。生徒達にまで知られたら大変だと思い、日赤病院の心療科に行き診療してもらいました。医師はまだ軽い症状だと判断をして、薬を飲まずにまず生活のリズムを整えることを勧められ、早朝に起床して30分の散歩を始めたら1カ月ほどで完全に元の状態に戻ったのです。

　受診前に自身でチェックする問診表があったのですが、その項目を読み進んでいくうちに恐怖に襲われました。「自分がこの世から消えてしまった方が良いと思ったことがありますか／自分の体がバラバラになってゆく感覚に襲われことがありますか」など、まるで自殺一歩手前のような項目があったからです。こんなにも精神的に追い詰められている患者さんが、この心療科で診察を受けていることを知り、医師が私の症状がまだ軽い方だと判断をしたのも頷けました。

　規則正しい生活は健康な心と体を維持するのに欠かせな

い条件であると身をもって知ったのです。もう二度と、大切な生徒達のためにも、このような無責任教師は採用しないと決め、その教師の人格を見極めるために必ず事前に3回は会うという、自身で決めた採用システムを導入したのです。それ以降、教師採用で大きな問題はなくなりました。

生徒達が毎回楽しみにしていたスクールイベント

22年間のスクール経営中、特に力を入れていたのは季節のイベントでした。2月はValentine（バレンタインの始まり、実は悲しい秘話）、3月はEaster（イエス・キリストの復活祭、イースター・エッグとの関係）、10月はHalloween（ハロウィン、ジャック・オ・ランタンの伝説）そして、12月はクリスマス（サンタクロースの起源となった逸話）などのイベントを通して、欧米の文化と歴史をレッスンで学ぶ機会を設けていました。

英語で書かれたそれらのお話は、和訳した文章と一緒に生徒達に渡します。それをテキストに使って教師達が英語でその内容について質問し、生徒達にも英語で答えさせていました。ただ、パーティーをして楽しむだけのイベントではなく、生徒達には欧米の文化を学んでもらいたいという強い気持ちがありました。子供達が本物の文化を学ぶことで、より深く語学に興味を持って欲しかったのです。これは言語とは文化その物だという私の考えから来ています。

もちろん、そのイベントをより楽しいものにするため、

様々な工夫をしました。Valentine（バレンタイン）では、生徒達に赤いハート型に切り抜いた画用紙に、"I love you Mam, Dad"「ママ、パパ、愛しているよ」と書いてもらい、それを両親にプレゼントさせ、Easter（イースター）ではEaster Egg Coloring Contest（イースター・エッグ色塗りコンテスト）と題したイベントを開催し、1位～4位までの入賞者と彼らの作品と写真を卵に見立てて（写真を卵型に切り抜く）発表しました。この発表の様式はEasterがどのような文化なのかを知らせるためです。このコンテストには全生徒に参加してもらい、その生徒達による投票で順位を決めました。入賞者には賞品が手渡されます。

　2014年のHalloween（ハロウィン）は、USJにWizarding World（ウィザーディング・ワールド）が開園したので、ハリーポッターの世界をスクールで再現しました。テーマは「ハリーポッターと賢者の石」。影絵でハリーポッターの世界を演出したのです。生徒達は魔法使いか魔女の仮装に限定し、魔法の杖を持参してもらい、リトルビレッジはその週だけHogwarts（ホグワーツ）になることを生徒達に告げました。映画の有名なシーン（組み替え帽や質問するノート、三頭犬を眠らせて賢者の石を取りに行く場面）を再現し、三頭犬を眠らせる場面とその部屋に入る場面では、持参した杖を使って英語の呪文を言わせます。生徒達にドアが呪文で開いたかのように思わせるために、事前に教師に真っ暗な部屋の中に隠れてもらい、中からドアを開けてもらいました。その部屋に入るのも踏み台を上り、入り口を狭くしてスリルを味わえるようにしました。そして、

真っ暗な部屋の中でガラス戸に三頭犬を映し、映画のシーンさながらの音を流したのです。イベント当日は期待以上のハリーポッターの世界観の演出で、生徒達のみならず、保護者の方々にも感動してもらえました。

猛スピードで空中を飛ぶスニッチをハリーポッターが捕まえるシーンを再現しました。この魔法の箒は私の手作りです。影絵もすべて私の手作りなので準備に4カ月以上もかかりましたが、皆さんに心から喜んでいただけたので本当にやって良かったです。

12月はChristmas Ornament Contest（クリスマス・オーナメント・コンテスト）を開催しました。イースター・エッグ・コンテスト同様に全員に絵を描いてもらい、名前を伏せて、これが一番良いと思う絵に、全員が各々1票だけ投票できます。自分の絵には投票できません。曜日やクラスレベルが変わると、お互いの生徒が知らない者同士になります。知らない人が自分の絵を評価してくれるというのは、子供にとってとても誇らしいものです。1位〜4位まで順位を決めて賞品を渡し、喜ぶ生徒達の写真を彼らの作品とともにクリスマスツリ

好評だった手作りの影絵

一形式で発表しました。このようなイベント時には同時にその意味も教えました。これらのリトルビレッジ独特のイベント以外にも、通常のレストランでのパーティーや、野外イベントも年に一度は開催するようにしていました。

　その中でも生徒たちが最も喜んだのは、名古屋の港区にあるフラワーガーデンでハロウィンのイベントを開催した時でした。そのガーデンでは、ハロウィンの時期限定で大きなジャック・オ・ランタンやゴーストやミイラーの飾り付けがされ、日が暮れると園内がライトアップされます。洋館風の建物の中からは、名古屋港の船の行き来も見えて、本当に素敵なので、保護者の方々にも楽しんでいただけました。園内の外の広場では、仮装をした子供達が100まで英語でカウントダウンして、その間に教師達が隠れ、教師と生徒達が鬼ごっこをしました。広場にあるテーブルでお弁当を食べ、辺りが暗くなり始めたらガーデンに戻りました。入り口が大きくて立派な洋風のアイアンゲートの外側から洋館の建物が見えていたので、入場する前から生徒達は「ここ、すごーい！」と興奮気味でした。園内では、さすがに走り回ることは許されてはいませんでしたので、そこではそれぞれの家族で園内を散策し、そのあとで洋館の2階に全員集まっていただき、ジャック・オ・ランタンのお話をしたのです。事前準備の打ち合わせなど大変でしたが、参加者全員に本当に楽しんでもらい、企画を成功させることができました。このイベントを開催して良かったです。参加した子供達の仮装があまりにも可愛いく、そのフラワーガーデンの広告用のビデオ撮りに協力を依頼され、

そのビデオは、しばらくの間、展示室で放映されていました。

開校2年目から開催した海外語学研修ツアー

　大手の語学スクールと変わらない語学環境を整えるために、10歳から参加できる海外語学研修ツアーを開校2年目から開催しました。最少参加人数2名からこのツアーを敢行したのです。20代の時にワーキングホリデーでオーストラリアに行き、ホームステイをした家のホストファザーからシドニーのManly（マンリー）で英会話スクールを経営している従姉妹を紹介してもらえました。Waratah Education Centre（ワラタ・エドゥケーション・センター）という名前のスクールで、その校長のJulie Styles（ジュリー）さんに直接電話連絡をしたところ、すぐに私の生徒の受け入れが決まり、現地小学校の訪問とホームステイ先を探してもらえることになりました。

　生徒達の往復の旅費と授業料、現地校訪問費用、ホームステイ料と私の旅費を計算してその全額を参加人数分で割りました。現地で行動する費用は、別に生徒達の保護者からお小遣い分として1人AU$ 700（オーストラリアドル）で出発前に頂き、この中から私が生徒達と行動を共にする費用を差し引いたのです。生徒自身で現地の店で買い物をさせて、その時にお小遣いを渡しました。

　スクールのお昼のランチもそのお小遣いから支払います。

これも研修の一環として毎回生徒達には挑戦をしてもらっていたのですが、ある時、Paddy's market（パディス・マーケット）で、お釣りが足りないと英語で店の人に必死に訴えて、なんと正しい金額のお釣りをもらい、お詫びにおまけのコアラのキーホルダーまでもらえた12歳の生徒がいました。この経験は、彼にとって大きな自信になったようです。その生徒は大学を卒業後、中学校の理科の教師になりました。帰りの飛行機の中で観た映画に感動して、ボロボロ泣いていたような子でしたから、きっと情に熱い生徒思いの教師で生徒達から慕われていると思います。21周年記念の同窓会に来てくれて、私の本の出版を楽しみにしていると言ってくれました。閉校前にも訪ねて来てくれ、約束通り書籍を購入してくれました。

　この現地活動費は、毎日何にお金を使用したのか、帰国後、その日付と詳しい明細を保護者に渡して、余ったお金は帰りのシドニー空港で日本円に両替し、それを参加人数分で割り、保護者に返金をしました。現地活動費が足りなかったことは一度もなく、私の出張費は一切保護者には請求をしませんでした。とにかく、お金には誠実さと正確さを貫いたのです。

　この海外研修ツアーは毎回大成功で、子供達に自立心が芽生え、生活態度まで変わったと保護者から大変喜ばれました。一番変化が見られたのは、生徒達の語学に対する意識でした。まさにそれが私の目的でした。

　しかし今思うと、何の後ろ盾もなく、よく一人で他人様(ひとさま)の子供を外国に連れて行くことができたものだと感心しま

す。考えてみると、恐ろしいことをしていました。もし万一、研修中に子供達に何かあれば、英会話スクールの経営どころではありません。

 ## 最後になった海外研修ツアー

　海外研修ツアーをやめるきっかけになった、ある出来事がありました。それは、10歳と11歳の女子児童３人を連れてオーストラリアの語学研修ツアーに行った時のことです。全員が小学生なので、皆同じホームステイ先にして、私はそれまで生徒達とは違うホームステイ先にしていましたが、その時だけは同じ宿泊先にしました。語学スクールには、いつものように生徒達だけでバスで通学をしてもらい、授業終了後の午後３時にスクールに迎えに行ってホストファミリーの夕食の時間まで市内観光をしました。最終日の授業終了後、終了証をもらい、マンリービーチで生徒達が水遊びをしている様子をビデオに撮っていました。

　生徒達がベンチに戻って来ると、ウエストポーチがなくなっていると１人の生徒が騒ぎだしました。私はスクールに戻り、忘れ物がないか確認するように勧めましたが、「確かにここに置いた」と言い張り、大声で泣き出してしまい、どうすることもできません。また、もう１人の生徒も、「ここにあるのを見た」と言いだしたので、２人の生徒の言い分を信じてWaratah Education（ワラタ・エドゥケーション）に戻っての確認まではしませんでした。研修

授業もすべて終了して、あとは週末のイベントを楽しんで日本に帰国するだけでしたが、当然楽しいはずがありません。

　帰国後も、その生徒の事故証明書を旅行保険会社へ提出し、損害分が無事に保証をされることになりました。そんな時にWaratah Education（ワラタ・エドゥケーション）から、その生徒のウエストポーチが航空便で私のスクールに届いたのです。結局、教室に置き忘れていたようでした。そのウエストポーチにはわずかな金額しか残っていなかったため、大事(おおごと)にする必要がないと判断をしましたがその生徒の保護者からは、「なぜ、警察に届け出をしなかったのか」と責められた上に、「もし命にかかわるようなことだとしたら、どんな保証をしてくれていたのか」と言われたのです。本当にその通りだと思いました。私には何の責任も取ることができません。

　その出来事以来、10年以上続けたオーストラリアの語学研修をやめることにしました。その後、その生徒はリトルビレッジをやめ、勘違いから始まった騒ぎは盗難ではなく、ただの教室への忘れ物であったことが判明しましたが、この件でのリトルビレッジへの謝罪は、その保護者からは最後までありませんでした。でも、盗難でなくて本当に良かったと思いました。盗難事件のあった語学研修ツアーに参加していたとしたら、せっかくの貴重な体験が生徒達の嫌な思い出になってしまい、その後の彼女達の英会話の勉強にも支障をきたしていたかもしれないからです。

22年間のスクール経営に終止符

　2016年11月末に私は、22年間1人で続けてきたスクール経営に終止符を打ちました。喜んでレッスンに通ってくれている生徒達や、心からスクールに信頼を寄せている保護者の方々のことを考えると本当に辛かったのですが、スクールの置かれている現状をすべて正直に伝えました。そして、慎重に言葉を選びながら文章を書いて、いつものレッスン時のお知らせとは別に、郵便で手紙を出しました。以下はその時の文面です。

　リトルビレッジは2018年11月26日の土曜日をもちまして閉校致します。リーマンショックの2007年、2010年と生徒数が激減する中、皆様からの様々な喜びの声を聞く度に、もう一年、もうあと一年とClosingを先延ばしにしてきました。以前は、120名もの生徒数を10年以上も維持してきましたが、今は50名前後となり年々School経営が難しくなってきています。

　この2年間は1人でも多くの生徒に一つでも上の英検Levelを取得してもらいたいとの思いから英検に力を注いできた結果、わずか2年間の6回の英検で73名の合格者を出すことができました。教師達の協力もあり、特に最近では小学生が3級、準2級Levelの英検に挑戦をして合格しているのは頼もしいかぎりです。

このように急激に生徒達のLevelが上昇したために、他の生徒さんとのLevel差が生じ、新規の生徒確保も難しくなってきています。加えてリトルビレッジが賃貸しているこの建物の老朽化も激しく2012年に一度大家さんからリノベーションのお話があり、大変期待をしておりましたが実現はされませんでした。このようにいくつもの理由が重なり合い、このような結論に至りました。

　私の書籍の出版と重なり、教授法の取得の思いもあり、思いきって留学をして、2年後Little Village Houseとして生まれ変わった姿を皆さんにお見せできることを今は夢見ています。

　Little Village Houseとは、英会話スクールの枠を越えて、平日はPhonics英会話法のLessonを受講していただき、週末はNativeのいるHouseにHome stayをして海外の子供達とも交流ができる実践型のEnglish Conversation Education System「英会話教育法」Houseです。

　私は本気でこの日本の英語教育を変えたいと考えています。どうか、ご理解とご協力と応援をお願いします！

　目標は、私の書籍が日本の小学校のTextbookに正式認定されることです！

　私の書籍『Phonics英会話教育法』はネット通販のAmazonでも購入ができます！　この本にはLittle Village英会話指導法が詳しく書かれています。この本を読めば、どの英会話教室も皆さんがどのようなLessonを受講してこられたかが分かるでしょう。Closing前に生徒

達のためにできることはすべてさせていただきました。

　来月11月に、教師達とお別れ会の食事をレストランでする予定です。保護者の皆様や生徒さんも、よろしければご参加ください。場所と時間が決まりましたら、またご連絡いたします。多くの生徒さんや保護者の皆様に愛されて、本当にこのSchoolを始めて良かったと感じています。どんなに苦しくても途中で投げ出さなくて良かったと思っています。
　最後までLittle Villageらしく、手を抜くことなく、楽しく大切な生徒さん方のLessonをさせていただきますので、よろしくお願いします。

以上

　少しでも生徒達や保護者のショックを和らげるために、初めは葉書でお知らせし、次に上記の手紙を郵送しました。予想はしていましたが、想像以上の衝撃を受けたようです。
　何も言わずに涙を浮かべていた中学1年の女子学生や「本当に困り果てています。子供をどこの英会話スクールに通わせれば良いのですか」と困惑した様子で直接スクールに聞いてくる保護者もいました。でも、誰一人私に文句を言う生徒も保護者もいませんでした。それには大変感謝をしています。
　皆さんが私のスクールの窮状を理解し、受け入れてくれたのです。それどころか、10月3日に出版したばかりの

『Phonics英会話教育法』をほとんどの保護者がスクールに注文をして購入してくれたのです。

生徒や保護者との強い繋がりを生んだ英検受験

　生徒達が急速に語学力を身に付けていった背景には、私が長年にわたり継続してきたフォニックスのレッスンがあります。このレッスンはすべて無料で、私が直接生徒達に教えていました。なぜなら、教師に依頼すると講師料の支払いが生じますが、私が教えれば無料レッスンが可能だからです。一人月2回まで受講でき、1回20分と決めましたが、時計を見るとたいていの場合30分は過ぎていました。この無料レッスンサービスは、開校した翌年から始めていたので21年以上続けたことになります。特に閉校を決めていた2014年からは、この無料レッスンを英検対策にまで拡大して、英検受験を控えた生徒にはフォニックスの代わりに英検対策も教えていたのです。当然保護者から大変喜ばれました。このレッスンを通して、全生徒のレベルを把握することができていたので、どの生徒にどの英検レベルをいつ受けるべきかを、その生徒の保護者に直接提案していました。そして、ほぼ予想通りに生徒達は合格していったのです。一度で合格できなかったとしても二度目には取得してくれました。

　英検にあまり興味がなかった生徒も、同じクラスの友人が合格するのを目の当たりにして、受験を意識するように

なってくれたのです。また、英検に合格すると同時にクラスレベルも上がるので、生徒達の間で自然と競争意識が高まっていき、良い相乗効果が現れました。英検に合格すると、生徒達は誇らしげに私に報告をしてくれていました。こうして2015年には、リトルビレッジのほとんどの生徒が英検を受験するようになっていました。これが驚くような結果を生んだのです！

　一部の生徒達の例をあげますと、2014年の3月に小学1年生でABCから習った男児生徒が、わずか2年で英文を聞きながら書き取りができるまでになり、2016年10月に英検4級に合格したのです。

　また、小学5年生で初めて英会話を習った女子生徒がたったの2年で英検5級から準2級まで一気に取得できました。このように、やる気のある生徒には私もフォニックスレッスンや英検指導で特に力が入りました。本人の努力もちろんですが、やはり子供達にやる気を起こさせる環境づくりも大変に重要です。私のフォニックスレッスンも20年以上のキャリアになっていたので、一度レッスンをすれば、その生徒のどこに問題があるのか、どう教えればその生徒が興味を持ってくれるのか、見抜けるようになっていました。そして、担当教師達にも、彼らが毎回受け持ち生徒の受講態度を記入する生徒カードに、その生徒のPhonics Level（フォニックスレベル）を書いて彼らにフィードバックをしていました。このような効果的な個人授業が無料で受講できるのですから、親御さんが喜ばないはずがありません。

このようにして、私と生徒達との間に強い繋(つな)がりが生まれ、保護者からは深い信頼を得ることができたのです。

閉校前に起きたスクール最大の危機

　2012年5月にスクールが賃貸契約をしている建物が裁判所に差し押さえられ、債権者により競売にかけられるという事件がありました。そのうえ、裁判所の執行官から建物に抵当権が付いている場合、住人は無条件で立ち退かなければならない事実を知らされたのです。

　これは法律で決められていることなので、どうすることもできないと相談に乗っていただいていた弁護士さんにも言われました。その競売は、のちに債権者により取り消されたのですが、今度は味方をしてくれていると思っていた大家さんから立ち退き要求をされたのです。建物の老朽化が進み、リノベーションよりも取り壊しの方が経済的というのが理由のようでした。でも、これは競売問題が起きている時に弁護士さんに相談をし、知識として対抗権が借主にはあることを知っていたので、強い態度で最後まで立ち退き要求を断り続けました。この時に感じたのは、**法律を知らないと損をするということです。ほとんどのアパートの住人達は、競売問題が起きているさなかに自ら立ち退いてしまったのです。対抗権という言葉自体を誰も知りませんでした。**

　対抗権とは、貸主の立ち退き要求に対して反対し抵抗が

できる権利で、この権利は国が弱い立場の賃貸契約をしている借主の生活を守るために施行された法律です。そして、一方的に家賃を値上げすることも法律で禁止されています。せっかく法律があっても、知らなければ何の価値もありません。法律とは、あくまでその知識を所有する者の味方で、無知な人間はその恩恵に与ることができないのです。法律は庶民に優しくはありません。私達の方が法律を勉強して賢く利用しなければなりません。何か社会的で複雑な問題が起きた時は、まず先に関連する法律を調べることをお勧めします。

　焦点はその対抗権があるのかどうかでした。これは長いスクール経営の中でも最大の危機でこの時も考えられる限りの手を尽くして裁判所にも直接出向き、スクールが存続できるように嘆願書を二度も書きました。しかし、裁判官の反応は冷ややかなものでした。裁判所の競売は誰でもインターネット上で閲覧できるのですが、複雑でどうしても物件のページを開くことができなかったので、裁判所に電話をかけ理由を話して電話口で教えてもらいながら閲覧の最終日に競売物件のページを閲覧することができたのです。そこには、リトルビレッジが入居する部屋番号にはっきりと対抗権付きと明記されていました。そのページを開くのに30分近くも時間を要したにもかかわらず、電話口で誘導をしてくれた裁判所の女性スタッフも「良かったですね。これで安心ですね」と一緒に喜んでくれたのです。「あとは、念のためにこのページをプリントアウトしておいてください」とアドバイスまでしてくれました。しかも、私が

電話をかけたのは、裁判所が終わる 15 分前でした。15 分以上も私の電話で彼女に残業をさせてしまったのです。

この情報は、債権者とその弁護士と裁判所にしかなく、非公開なので外部の人間が情報を得るには裁判所の競売物件のホームページを見るしか方法がありませんでした。その上見られるのはその閲覧期間だけです。対抗権のことも、その確認の仕方も親身に相談に応じてくれた弁護士さんが教えてくれました。この弁護士を紹介してくれたのは公明党の代議士の秘書さんでその弁護士さんも創価学会員です。全部電話だけでの対応なので、弁護士費用は請求をされませんでした。これも天が動いて助けてくれたと強く感じた事件でした。

20周年記念パーティーを無事に開催

危機を乗り越えられたお陰で、2014 年、無事に 20 周年記念パーティーを港区のフラワーガーデンで開催することができました。その時、助けてくれた代議士の秘書さんと弁護士さんにも参加していただき、友人や生徒、保護者にもとても楽しんでいただきました。

その席上で、初出版になる『Phonics 英会話教育法』の出版構想を発表しました。それから 2 年後の 2016 年 10 月に本当に出版することができたのです。パーティーに参加をしてくれた私の親友達は、スクール開校時にすぐにリトルビレッジに入会してくれました。

下の写真の向かって左が、溝口さんです。彼女は自分が入会するだけではなく会社の同僚の友人まで紹介をしてくれました。その友人はその後、長期受講者となり、閉校までの22年間リトルビレッジに通い続けてくれました。右側が高橋さんです。開校前にチラシ配りを手伝ってくれました。彼女は営業の仕事で外回りが多いからと自分の営業成果を後回しにしてまでチラシ配りを手伝ってくれたのです。2人とも書籍も購入してくれ、オーストラリア留学を心から喜んで応援をしてくれました。
　右ページの4人の写真は木俣さん一家です。
　木俣有香子ちゃんは5歳から6年間レッスンを受講、そ

パーティーに参加してくれた私の親友達

の後、妹の有美子ちゃんが生まれて、彼女が3歳になってから今度は有美子ちゃんが4年間受講しました。父親の一郎さんも長女の有香子ちゃんが入会した年から1年半受講しました。彼女の両親は共に医者で彼女自身も医師を目指し、無事に歯科医になりましたと報告を受けました。書籍も家族全員分の5冊注文をされました。

　上野高貴君は3歳から14年間、お姉さんの上野優ちゃんは7歳から13年間レッスンを受講し、この姉弟（きょうだい）は2人とも名古屋でトップの旭丘高校に進学し、優ちゃんは名古屋大学と東京の早稲田大学に同時合格を果たし、高貴君も名古屋大学の医学部に進学し、2018年3月に医師国家資格試験に合格したことを知らせてくれました。本当にリト

木俣さん一家

ルビレッジには優秀な生徒達が沢山いました。

長年にわたるオーストラリアとの関わり

　私とオーストラリアの関係は本当に長く、かれこれ30年以上になります。モード学園卒業後、他のクラスメイト達は皆デザイナーとしてアパレル企業に就職しているのに、私だけ就職せずにすぐにワーキングホリデーでシドニーに行きました。

　英語もろくに話せないのに自分のデザイン画を持ってシティのブティックを一軒ずつ回り、厚かましくも私をデザイナーとして雇ってほしいと頼んで歩きました。当然、言葉も通じない者を店がまともに扱うはずがありません。ほとんど門前払いの状態でした。当時は、世間知らずでそれが逆に良かったのだと思います。もしかしたら一軒くらい採用してくれるかもしれないと都合の良いことを考えていました。もちろん、どこからも相手にされず、シドニーの創価学会の女子部のリーダーに新聞広告でシェアアパートを見つけてもらいました。

　オーストラリア人とアパートをシェアして、キッチンでパターンを描き、布の裁断をしてドレスメーカーを自宅で始めました。アパート探しを手伝ってくれた女子部員が、ミシンを売る商売をしている人とアパートをシェアしていたので、その人から中古ミシンを安く分けてもらいました。この仕立屋の仕事が事実上初めての起業で、しかもいきな

り海外で始めてしまいました。

　日本人向けフリーペーパーの日豪プレスに広告の文章を自分で考えて載せました。内容は冒頭でも述べましたが、「貴方に似合う素敵なドレスを作ります。デザインから仕立てまでスピード仕上げ」

　広告料金はぴったり＄5で収まるようにしました。インパクトのある文章のせいか反応は良く、しかも、採寸をしてパターンから作成するので身体にぴったりフィットするのが好評でした。スカートに裏地付きのワンピースを一着＄25で仕立てていました。夫がオーストラリア人で現地在住の女性から、仕立ての良さと仕立て代の安さを気に入られ、何着も注文をしてもらえたこともあり仕事は順調でした。

　しかしある日、商社マンの妻から私の仕立てが気に入らないと言われ、5着分の仕立てのやり直しをさせられたあげく仕立て代ももらえませんでした。しかも交通費も支払わなかったのです。こんなことをしていたら、オーストラリアで生活ができないと思い、仕立屋から洋服の直しの仕事に切り替えました。仕立てと違い、パターンを描く手間も布を裁断する必要もないので、一度に何着もの直しが可能でした。1カ所の直し代は＄5と決め、ウエストがきつくなり穿けなくなったズボンのサイズ直しや裾直しなどをしていましたが、ある日1着のスーツの2サイズダウンの直しをしました。気に入って買ったけどサイズが大き過ぎるので直してほしいという依頼でした。これは、大変に喜ばれ、その直しは1着分の仕立て代金以上になりました。

こちらの方が効率良くお金も稼げたのです。

こうして初の外国生活は経済的には大変でしたが、とても貴重な経験になりました。この私の体験は、のちに名古屋地元紙、中日新聞の「回転いす」というコラムに掲載されました。私に取材をした記者もどこでこんな人を見つけて来たのかと新聞社でも話題になったようです。

あと一歩で逃した永住権

帰国して3年半後に日本のアパレル企業で企画室デザイナーの経験を積んで、再びオーストラリアの地に立ちました。前回の滞在中に出会っていたシドニーのアパレル会社Ark Fashion（アークファッション）の日本人チーフデザイナーの紹介で実務の採用試験を受け合格し、その会社に採用が決まりました。夢にまでみた海外就職です。しかも、私の本職のデザイナーの仕事です。

その会社での主な仕事は、チーフデザイナーがヨーロッパで購入してきたサンプル商品（縫製された洋服）のパターンを作ることでした。要するに、デザイナーというよりはパタンナーの仕事でしたが、それでもオーストラリアの会社に勤められるという事実が信じられないようなことなので嬉しくて仕方ありませんでした。

本来なら、そのままツーリストビザからワーキングビザに切り替えて、それ以後ずっとその国に滞在できるはずでした。しかし、オーストラリアのビザの申請方法が変わり、

たとえ就職先が決まっていたとしても、ツーリストビザは一旦自国へ帰って申請をし直さなければいけなくなりました。その新システムに変更されたのがわずか1カ月前でした。せっかく採用が決まり、すぐにでも仕事ができる状態でありながら、日本に帰ることにしたのです。

　東京のオーストラリア大使館から言われた通りに書類をすべて揃え、書類審査を経て大使館で面接試験を受けましたが、その時の面接官に、まだ書類に不備があるので、追加の書類を提出するように言われたのです。その書類を揃えるのに時間がかかり、追加書類の提出後もさらに8カ月もの間返答を待たされたので、帰国から既に一年近く経過していました。その当時の永住権の申請はポイント制で、70ポイント以上あれば審査は通っていました。私はその70ポイントで申請をしていたのですが、返答を待っている間に再びビザの申請方法が変更され、80ポイント以上にされてしまい、私のポイントでは永住権は認められないという返答でした。こんな理不尽なことがあるのかと悔しくて仕方なかったのですが、ビザはどうすることもできませんでした。

　しかし、**この時にオーストラリアの永住権が取得できなかったからこそ**、のちの子供英会話スクールリトルビレッジの開校に繋がりました。そして、生徒達の海外研修ツアーの引率と仕事の休暇で、年に3回もオーストラリアに行けるようになっていました。あまりにも頻繁に各地を訪れるので、現地の友人に「どこの誰々さんに会ったらよろしく」と伝言を頼まれるまでになりました。もう、今までに

Manly wharf マンリーワーフ

Manly beach マンリービーチ

何十回日本とオーストラリアを行き来しているのか自分でも分からなくなっています。おそらく20〜30回くらいにはなっているでしょう。

オーストラリア人もまだ一度も行っていないような土地まで、NT（ノーザンテリトリー）のDarwinダーウィン、Alice springsアリススプリングスのAyers Rockエアーズロック、QLD（クイーンズランド）のBrisbaneブリスベン、Cairnsケアンズ、WA（ウエストオーストラリア）のPerthパース、N.S.W（ニューサウスウェルズ）のSydneyシドニー、VIC（ビクトリア）のMelbourneメルボルンと主要な都市はすべて行きました。

もうオーストラリアは外国ではなく、私の第二の故郷になりました。永住権の申請を断られたのは、私が本当の使命に気づくための天の計らいだったのかもしれません。多くのリトルビレッジの生徒達にも、私の大好きなシドニーのマンリーbeach（浜辺）とwharf（埠頭）に挟まれた美しい街を紹介できました。

英会話教授法取得のため オーストラリア留学を決意

『Phonics英会話教育法』にも書きましたが、2013年頃からリトルビレッジの効率的で効果的なフォニックスレッスンの指導法を世間一般に広めなければいけないと強く感じるようになっていました。

私のフォニックスの無料レッスンは、言ってみれば20

年以上かけた子供達への英会話教育の実験場のようなものでした。無料だから効果がなくても文句は言われないだろうと自身の好奇心も手伝って始めたのですが、思いのほか好評で、生徒数が急増すると私の本来の仕事であるスクール運営に支障をきたすほどでした。

　このレッスンは毎回予約制で、前日にしか予約は取れません。1人月2回まで受けられるのですが、「レッスン料金を支払うので毎週受講したい」という要望もありました。それでも、閉校する最後まで無料レッスンを貫き通しました。本来、日本の子供達は Native speaker of English（英語を母国語とする人）から英語を学ぶべきだというのが私の信念です。実は内心ネイティブではない私が教えるべきではないといつも感じていました。しかし、自分の考えとは裏腹に、私のフォニックスレッスンはますます生徒達や保護者にとって、その重要性を増していきました。特に閉校前の2年間はすさまじい成果をあげ、私自身も生徒達の可能性の大きさに驚いていました。

　このフォニックスレッスンを全国の小学校で教えたらどんなにすごい結果が出るのだろうと考え始めたのです。次に全国規模に拡大させるにはどうすればいいのかも考えました。そして、私が今まで教えてきた英会話教育法を洗いざらいすべて本に書いて出版するしかないという結論に至ったのです。

　目標は小学校のテキストブックに採用されることです。スクール経営をしながら2年もかかりましたが、2016年10月にようやく出版に漕ぎつけました。

出版後、リトルビレッジスクールの Phonics 英会話教育法で基礎から英会話を学んできた生徒達からは「千明先生がいつも教室で言っていたことなので、スラスラと頭に入ってきてとても分かりやすかった」という感想に対して、現役の弁護士の先生からは「私が今まで学んできた英語習得法とかなり発想が違い、一度読んだだけでは理解できなかったので、読み直してみます」と言われたのです。私の提唱する子供達への英会話教育法はかなり斬新で、すべての無駄な英語教育を省き、最短で語学習得ができる方法です。しかし、小学校5年生からではなく、1年生から学ぶ必要があります。なぜなら、言語学者の話では言語能力は10歳で大人とほぼ同じになるとのことで、その身に付けた自国の言語能力が、かえって他の言語の習得の妨げになると長年の英語教育の経験から実感しているからです。

　留学前に、完成したばかりの著書を名古屋の市議会議員を通して名古屋市立小学校・中学校の英語の教科書の開発担当者に会い、贈本して『Phonics 英会話教育法』を熱く語りました。しかし、帰国後に見たテレビのニュースでは、2020年度の小学校の英語教育は**5年生からが正式採用**となり、私があれだけ必要性を訴えた**フォニックスもカリキュラムに反映されておらず**、私の声はまだ教育現場には届いていないことを実感しました。

　英語と日本語の間には文法や物事のとらえ方に関する5つの大きな違いがあります。子供達がのちの語学習得においての混乱を避けるために、まず、その違いから教えるべきであるというのが私の主張で、特にフォニックスを低学

年で学ぶ必要があると訴えています。その違いの一つが英語では単数や複数の違いを無意識に文法上で言い換えているのに対して、日本語では大して気にも留めず数の概念は極めてあいまいであるのに、物や生き物に対しては厳密に言い換えをしているということです（例：います　あります）。しかし、英語は同じ表現を使います。フォニックスも平仮名・カタカナの音素を覚える年齢で身に付ける方が遥かに容易に習得できます。フォニックスを正確に覚えれば、発音で困ることはまずありません。また、ネイティブスピーカーの話す英語を書き取ることも可能です。聞いた言葉を書き取れる者が話せないはずがありません。英会話習得の順序は聞く、話す、読む、書くで、生まれたばかりの赤ん坊が日本語を習得する順序と全く同じです。

　詳しい内容は『Phonics英会話教育法』に書きましたので、興味のある方は是非ご購読ください。フォニックスの発音は、両親が日本人で幼稚園から高校まで教育はすべてインターナショナルスクールで受けたリトルビレッジのバイリンガル教師に依頼をし、彼女が最後まで責任を持って仕事を全うしてくれました。それどころか、オーストラリア大使館へ、今回の留学のための学生ビザのインターネット申請でも強力にサポートをしてくれたため、無事に取得することができたのです。彼女から後で手紙をもらいましたが、そこには私に対する感謝の気持ちが綴られていました。いつか、何かの形でその恩を返したいと思ってくれていたようです。最高の形で恩返しをしてくれました。

　このインターネット申請はもちろん全部英文ですが、ま

ずどこにアクセスすればいいのかが分かりません。それを確認するために朝一番にオーストラリア大使館に電話をかけるのですが、繋がるのに15分以上も待たされました。その上、何十ページにもわたる質問にもネット上で答え続けなければならず、大使館のネットサービスが夜11時には終了してしまうので続きは次の日に持ち越されます。今まで答えた内容を保存しなければ、翌日はまた初めからやり直しです。意味が理解しにくい質問もあり、彼女のヘルプなしでは学生ビザのインターネット申請は不可能でした。

　彼女が「訳のわからない質問が出てきた」と言ったのは、「オーストラリアに絶対に移住しないという理由を説明しなさい」。これは、スチューデントビザで入国し、ビザが切れているにもかかわらず、そのまま滞在し続ける外国人を警戒し排除するための質問であることを私は知っていました。つい最近、日本で本を出版したことを書き、私の書籍の一部を抜粋して添付しました。以下はその書籍の抜粋文です。

「今後さらに Phonics を全国に広めて行くためには、どうしても私自身が教師の資格を持つことが必要だと、今、強く感じています。教師の資格を取得することで語学力にさらに磨きをかけ、出版物や講演活動を通じてこの国の国際化に貢献をしていきたいと思います。この本が売れて資金に余裕ができれば、Little Village House をつくり、マンションの間借りではできなかった School 構想（Australia と日本の子供たちの交流など）を考えています」

これで、ようやくオーストラリア大使館に、私の留学目的が教師の資格を取得するためであり、それ以外の目的がないことを理解してもらえました。
「今までにオーストラリアの永住権を申請したことがあるか」という質問には、何十年も前のことなので「ない」と書こうとしましたが、もし大使館にデーターがまだ残っていて、申請に偽りがあるとビザ発給をされなくなるから、正直に書いた方が良いと彼女に説得され、27年も前の事の顛末を正直に書きました。これらの書類を彼女がすべて英訳をしてパソコンに入力してくれたので本当に助かりました。真実を書いたことが良かったのか、ビザ申請終了後の翌日にビザの発給が自宅のパソコンに届いたのです。本当にホッとしました。留学先のスクールには受講料やホームステイ代を既に支払っており、渡航費用も支払い済みでした。ビザだけが後回しになっていたのです。そもそも、支払いを全部済ませてオーストラリアの学校から入学許可証が届かないと、学生ビザの申請ができない仕組みになっていました。しかし、ビザはあくまでも本人申請なので、その申請が通るかどうか学校側は保証できないということでした。何か矛盾を感じますが、受け入れるしかありません。
　こうして、私の初の本格的な留学体験が始まりました。オーストラリアの地に初めて降り立ったのが22歳の7月1日でした。それから30年以上の年月を経て、2017年1月1日に、再び記念すべき第一歩を踏み出したのです。

留学前に5大プロジェクトの敢行

　留学前にやらなければならない大きな5大プロジェクトがありました。その一つは、母のマンションを売却して快適な私のマンションに引っ越しをさせることでした。その当時、父が7年前にすい臓がんで亡くなってから彼女が1人で住んでいましたが、エアコンが効かず、夏は西日が直接部屋に入るため灼熱のような暑さで、冬は角部屋で隙間風が入り極寒地獄のような状態でした。部屋は荷物が山のように溢れ、岡崎にいる姉がいつも心配をしていました。

　もし、母親が今亡くなったら、この部屋をどうすればいいのか悩んでいたのです。押し入れには何が入っているのか分からず、もう10年も開かずの扉状態でした。母は高齢であるにもかかわらず、つい最近まで車を運転していました。駐車場が建物から離れている上に、その駐車場はコンクリート塗装がされていない砂利道で、母が杖を突くようになってからは大変危険でした。

　私のマンションはエレベーターで2階から降りてそのまま建物の下にある駐車場に出られるので、雨の日でも傘を差さずに車の乗り降りができます。頑固に1人暮らしを続けていたその母を説得して、マンションを売ることに成功したのです。28年も住んだ、外壁のペンキもはがれかけているマンションを、大手不動産のM.Rが宣伝広告をしてくれ、父の年齢でギリギリのローン980万円で購入した

中古のマンションが400万円で売れたのです。このマンションの販売価格も私と母とで決めました。私が不動産会社の人に土地の権利が付いていることを強調したのが良かったようです。

　引っ越しはすべて、母のボーイフレンドが手伝ってくれて無事に済ますことができました。彼とは尋常小学校の同窓会で75年ぶりに再会し、その後お互いに長年連れ添ったパートナーが亡くなってからは、連絡を取り合うようになったようです。今では母の心強い味方になってくれており、母も私もどうして彼がこんなに良くしてくれるのか、本当に不思議でたまりません。引っ越しだけではなく、母の病院の送り迎えや、食品など買い物の重い荷物も部屋まで持ってきてくれます。苗字が山田なので、姉が「山ちゃん」とあだ名を付け、それからは家族では親しみを込めてそう呼んでいます。山ちゃんと母が親しくなり始めたのは私の留学の1年ほど前からでした。母と同い年ですが、健康で足腰もしっかりとして車も運転できるので、何かあると母は真っ先に山ちゃんに携帯で連絡を取っています。するといつでもすぐに駆けつけて来てくれるそうです。母は心から山ちゃんを信頼して頼りにしている様子です。私も本当に安心しています。彼には感謝の言葉しかありません。

　山ちゃんは定年退職前に中学校で理科を教えていたそうです。母を強力にサポートしてくれる人が出現したのも不思議ですが、さらに不思議なことには、その同窓会で以前集まった同級生達は皆亡くなったか病気で入院中といった状況で、元気でいるのは母と彼だけらしいのです。

彼は母のサポートをすることが生きがいになっているようです。何の見返りも期待せず、ただ誠心誠意、母に尽くしてくれているのです。これもまた天の計らいです。

　また、引っ越しが身の回りの整理をする良いきっかけになりました。姉があれだけ悩んでいた荷物の山が一気に片付きました。部屋の荷物は、まずリサイクルショップの人に売れそうな物を物色してもらい、わずかでも購入してもらいました。そして、無料で引き取ってもらえる物は母を説得して引き取ってもらい、できるだけ荷物を減らして遺品処分業者に来てもらいました。マンションの権利書などの重要な書類等は私が預かり、母の必要な物は確保して、それ以外の物はすべて要らないものとして部屋から出して処分してもらったのです。あっという間にカーペットからカーテンまで部屋から物が全部なくなったそうです。

　この業者が来た日にも山ちゃんが母と一緒に立ち会ってくれました。その頃は既に母は私のマンションに住んでいたので、業者が入る前に夜な夜な仕事帰りに寄って、母が見落としている大事な物がないか探しては私のマンションに持ち帰っていました。その中には健康保険証や市バス地下鉄の無料パス券があり、母が「よく夜中に短時間で行って必要な物を見つけられるものだ」と感心していました。

　そして、スクール閉校の手続きと片づけをし、留学の準備とビザの申請をし、本を出版しました。これを2016年の年にすべて敢行しました。開校時も短期間で多くのことを成し遂げましたが、閉校時はさらに複雑で困難な仕事があり、それらを成功させることができたのです。

多くの仕事を同時に片づけなければいけない時は焦らずに、まず期限のあるものから手を付け、事がスムーズに運ぶにはどのようにすれば良いのか動く前に良く考えてください。そして、**一つずつ確実に着手していけば必ずComplete（完了）させることができます。決して焦らない**ことです。焦ると行動が空回りして無駄に時間やお金を浪費してしまいます。そして、**手を差し伸べてくれる人がいたら、意地を張らずに助けてもらいましょう**。困った時に人から助けてもらえるような自分自身でいてください。それには、日頃の行動（仕事ぶり）が重要です。

オーストラリアはどんな国？

　前置きが長くなりましたが、ここで私の留学先のオーストラリアの豆知識をご紹介します。オーストラリアは南半球に位置し、季節は日本と逆になります。オーストラリアでは真夏にクリスマスを迎えます。私の在籍した語学スクール Kaplan（カプラン）では、冬の7月にクリスマスパーティーを開催していました。陸続きの他国との境界線がないので、世界最大の巨大な島と言えないこともありません。国土面積は日本の20倍（アメリカとほぼ同じ）、人口は2400万人、2018年6月時点では2496万6530人、前年比で34万8817人増えたそうです。

　オーストラリアは N.S.W ニューサウスウェルズ、QLD クィーンズランド、VIC ビクトリア、WA ウエスタンオ

ーストラリア、SA サウスオーストラリア、TAS タスマニア、の6つの州と2つの準州 ACT オーストラリアキャピタルテリトリー（首都キャンベラ）、NT ノーザンテリトリーに分かれています。人口は日本の5分の1で、1km^{2}に付きたったの3人です。それに比べ、日本は1km^{2}に346人ですからオーストラリアの100倍以上の超人口過密国になります。しかし、人口のほとんどがシドニー、ブリスベン、メルボルンの都市部に集中しているため、特に人口450万のニューサウスウェルズのシドニーの街中では日本との人口差はあまり感じられません。

　オーストラリアはオセアニアに属する国でイギリス連邦加盟国です。日本では豪州とも呼ばれています。1770年にイギリス海軍のジェームズ・クックがエンデバー号でシドニーのボタニー湾に初上陸し、N.S.W（New South Wales）と命名しました。この港は今では Circular Quay（サーキュラーキー）と呼ばれフェリーの乗り継ぎ場になっています。私の住んでいた Manly（マンリー）へもシティのサーキュラーキーからフェリーに乗船し、30分で行くことができます。この船着き場の真正面にサーキュラーキー駅があり、このホームからのオペラハウスとハーバーブリッジの眺めは最高です。双方とも間近に感じられ迫力があります。よく観光客がここから写真を撮っています。この向かって左手に Rocks（ロックス）という古い街があり、当時の建物がそのまま残されています。オーストラリア発見当時を伝えるミュージアムや奥にオープンスペースの庭があるカフェやレストランなどが並び、週末の土日に

はロックスマーケットがオープン、ユニークな服やアクセサリー、帽子、宝石、革製品などが手に入ります。

　あまり知られていないのですが、1788年に初代総督アーサー・フィリップが囚人と軍人を連れて入植し、流刑された囚人達に開墾地を与え植民地経営に成功しました。オーストラリアはイギリスの囚人達により開墾され発展を遂げた国なのです。その後、自由移民も多く入植し、都市として発展しました。1847年にイギリスの流刑制が廃止となり、1901年にオーストラリア連邦が成立、1926年にイギリスから独立をしてCanberra（キャンベラ）が首都に定められました。独立からまだほんの90年少々しかたっていないとても若い国です。国土面積は世界第6位、人口は世界第51位のオーストラリアですが、他国をしのぐ経済成長が続いています。

　オーストラリアは移民大国で毎年約25万人の移民の受け入れがその成長要因の一つです。これだけの移民を受け入れているにもかかわらず、世界で最も人口密度の少ない水準を保っています。高学歴で高いスキルを持つ移民を受け入れ、近年の技術移民は中国、インド、英国、ニュージーランド出身者が人口増の6割を占め、全人口の4分の1が海外出身で、その他の人口も親は移民という可能性が高いです。オーストラリアが重視するのは若い技術移民で、彼らの平均年齢は国民の平均年齢を下回ります。この国ではあいさつ代わりに"Where are you from?"「どこの出身ですか？」と聞くのが普通です。シドニーのような大都市では行きかう人達の言語が皆違い、電車やバスの中でも

堂々と大きな声で母国語の会話をしています。バスやタクシーのドライバーが母国語訛りのあまり流暢ではない英語で対応することが頻繁にありますが、それが日常的なので誰も気にも止めません。それどころか、英会話スクールの教師が移民で Non Native English（英語が母国語ではない）のことも度々あります。もちろん、癖はありますが英語教師の資格を持ち充分に理解できる発音です。オーストラリアに行けば周りが皆 Native English（英語が母国語）で日常生活が英語で溢れていて常に正しい英語を聞ける訳ではないのです。意識して自分から Native English に接していかなければいけません。純粋なオーストラリア人を探すのは実は難しい国なのです。そんなオーストラリアですが、最近では移民を制限する傾向にあり、永住権取得のハードルが上がってきています。高い英語力を身に付け、優秀でなおかつ国から必要とされる人材でなければなりません。特に英語力はネイティブも就職試験のために受験する IELTS（アイルツ）6.5 以上（満点 9）が永住権申請に必要です。私も留学をした年にこのクラスを 4 カ月間受講しましたが、あまりの難しさに悲鳴をあげそうでした。クラスメイトの中にはコロンビアの大学教授のビビや高い語学力を持つヨーロッパの大学生達がいました。友人になったスイス人のベッティーナにリスニングやリーディングの正解を選ぶコツなどを伝授してもらいました。彼女はフランス語、ドイツ語、英語の 3 か国語を話せました。歯科医師の助手の資格のあるドイツ人生徒もいました。

IELTSのクラスメイト達

　オーストラリアは失業率も低く最低賃金が世界一高い国の一つ（ウエイトレスの時給が＄20 ＝ 1640円〜1700円）、失業率の高いブラジル人留学生などが皆、この国で仕事を探し、永住権を模索しています。クラスメイトのブラジル人留学生男子に聞いたところ、現在のブラジルの失業率は80％にもなるそうです。日本の失業率がいくら高くなったとしても10％弱程度にとどまっていることを思えば、仕事を選ばなければ、日本は世界ではまだまだ就職率は高い方だと思います。

美しいマンリーの街

さて、私が留学の拠点に選んだマンリーを紹介していきましょう。マンリービーチはシドニーの北部に位置し、最も人気の高いビーチです。この地域に住んでいた先住民のアボリジニの「自信にあふれた勇ましいManly（行動力）」に感銘を受けたN.S.W州の最初の州知事のアーサー・フィリップにより名付けられました。マンリーはシドニーのシティ、サーキュラーキーからフェリーでわずか30分のリゾート地です。1860年代にこの地に住んでいたHenry Gilbert Smith（ヘンリー・ギルバート・スミス）が、この土地をシーサイドリゾートに開発しました。

マンリーには「Sydney（シドニー）から7マイル、Care（ケア）からは1000マイル」という言葉がありますが、それぐらい遠く離れた場所にいる感覚にさせられるということです。このフェリーは1857年から定期便として運航をされており、今では平日でもいつも観光客で賑う一番人気の定期運航便になっています。というのも、出港してすぐに右手にオペラハウス、左手にハーバーブリッジが間近かに見られ最高のロケーションで写真が撮れ、オペラハウスを過ぎると、次にシティの街並みを海の上から眺めることができるからです。観光客はスマホやカメラを手にして、寒い日でも寒風にさらされながらデッキに立ち、シャッターチャンスを狙っています。

マンリーは、一方には穏やかなシドニーハーバービーチがあり、反対側には太平洋サーフビーチが広がり、ゆったりとした雰囲気の真っ白な砂浜のビーチが1.5kmにわたり続いています。とても30分前まで騒々しいシティにいたとは思えません。

　私のお気に入りの散歩コースは、アパートメントから5分で出られるハーバービーチ沿いの遊歩道です。所々にベンチが設けてあり、ノースヘッドとサウスヘッドを同時に眺められるここのベンチに座っていると時間の経つのを忘れます。1人で美しい湾を2時間眺めていたこともありました。シドニーハーバー沿い、マンリービーチ沿いの双方に海に面した天然のパブリックプールが設けられていて、誰でも無料で利用できます。トイレや更衣室、シャワーも無料で使用できます。どちらのプールも絶景です。

　マンリーワーフからヤシの木が立ち並ぶマンリーコルソーを抜けると Steyne Promenade（ステイン・プロムナード散歩道）に出ます。

 ## お洒落な店が立ち並ぶコルソー

　ここには多くのサーフショップがあり、サーフボードや水着、その水着の上にさっと羽織れるビーチドレスやビーチサンダルなどのビーチライフを楽しむアイテムが購入できます。私のお勧めのビーチウエアーショップは Corso（コルソー）にある Baku（バク）か Sunburn（サンバー

遠目に見えるのが North head と South head

Corso コルソー

ン）です。日本では売っていない様なカラフルでお洒落な水着を手に入れることができます。サイズも豊富にあります。私のお気に入りのブティックはSussan（スーザン）でこの店ではお洒落で着心地の良いナイトウエアーやカジュアルウエアーが買えます。秋冬（9月）と春夏（2月）の終わりに最終値引きセールがあり、半額の赤札のさらに半額の値段になるのでかなりお得です。Corso（コルソー）にはこの他にも値段は高めですが、ブティック、花屋、おもちゃ屋などが本当にお洒落に店頭を飾り、ウィンドウショッピングも楽しめます。

健康に気を使うマンリーの住人達

マンリーではサーフィン、スキューバダイビング、カヤック、ビーチバレー、サイクリング、ブッシュウォーキングなどが人気のアクティビティです。住民は皆、健康に気を使い仕事帰りにジムで汗を流す人も多くいます。トレーニングジムもスタジオだけのシンプルなジムからNovotel Hotel（ノボテルホテル）内のSwimming pool（スイミングプール）も完備された本格的な施設まであります。私が部屋を借りていたWaterside Apartment（ウォーターサイド・アパートメント）は一通りの器具が設置されているGym（ジム）と5メートルほどのPool（プール）とジャグジーが完備されていて、入居者はいつでも無料で利用できます。プールサイドにはテーブルや椅子も設置され、よ

く入居者達が友人達とランチやディナーを楽しんでいます。

テニスクラブはマンリーに2つあります。食事にも気を付けていて、ヘルシーな和食はとても人気が高く、Japanese restaurant（ジャパニーズレストラン）はこの小さなマンリーの町に2件あります。回転寿司はSushi Train（寿司トレイン）と呼ばれ地元の人々に親しまれていますが、日本のネタと比べると質が違うので私はあまり好きではありません。特に夕方のセール時間に売られる寿司ロールはシャリが乾燥していて、ラップで巻かれていない両フチがパサパサなので日本人の口には合いません。日本人が経営するジパングというレストランが人気で、いつも地元の人たちで店内は一杯です。このマンリーのSydney Rd（シドニーロード）では週末の土日にマンリーマーケットが開かれています。

Kaplan Schoolの教師達と自宅のPool sideで引っ越し祝い

この和食レストランの前にマンリー図書館があり、私は

この library（ライブラリー）の会員カードを持っているので、予約をすればいつでも２階にあるコンピューターを２時間まで無料で利用できます。IELTS（アイルツ）やCAMBRIDGE（ケンブリッジ）、TESOL（テーソル）コースを受講中の時には毎日のようにお世話になりました。コンピューターで分からないことを聞くと親切に教えてくれます。

チャリティーが盛んな国

　日本でいうリサイクルショップも Lifeline（ライフライン）、Vinnies（ヴィニーズ）、Red cross（レッドクロス）の３軒あり、日常品や衣服、小物、家具などが大変安く購入できて助かりました。オーストラリアの Second hand shop（セカンドハンドショップ）は日本とは違い、市民から無料で寄付された物に値札を付けて販売し、その収益金はチャリティーとして施設などに寄付されます。お店が閉まったあとでも、その店の前に寄付をする衣服等をビニール袋に入れて置いていく人を時々見かけます。お店で働く人の賃金も、その収益から支払われるようです。国が福祉の一環としているので、経営も国の管理下にあるようです。

　この国では常に弱い人を助けようという精神風土があり日常的に寄付行為が盛んです。しかし、少しやり過ぎてしまう店もあり、一般の Pharmacy（薬局）でマンリー在住

中にお釣りをチャリティーしませんかと言われ、少し不愉快に感じたことがありました。断りましたが、その店員から善意のない人という目で見られました。そのお金が本当に困っている人に渡るのか、それともその店の収益の一部になるのか、あるいは、その店員のポケットマネーになるのか分からないからです。寄付はあくまでも個人の自発的な善意で行われるべきであり、決して強要されてするものではないと思います。個人の経済状況も本人でなければ分かりません。

※オーストラリアの歴史及びマンリーの資料（Sydney.navi.com, fishandtips, Hatena Blog, google.co.jp, i.4travel.jp, jtb.co.jp 参考）

絶景スポットのノースヘッドとサウスヘッド

　マンリービーチの南端のマンリーライフ・セービングクラブから Shelley Beach（シェリービーチ）に続く遊歩道があり、いつもジョギングやサイクリングをする人と出会います。シェリービーチからさらに奥にある小高い丘の遊歩道をどんどん（約 2 時間半くらい）進んでゆくと North head（ノースヘッド）という景勝地にたどり着きます。この岬は公園に指定されていて、公園内の遊歩道は所々自然道になり、道の脇には自然保護種の野生のトカゲも見られます。この North head（ノースヘッド）から反対側の突端 South head（サウスヘッド）を眺めることができます。Manly wharf（マンリーワーフ）の Bus Stand バス停 D

から No.135 のバスで行くこともできます。

　サウスヘッドは南の先端になり、外洋のタスマン海からシドニー湾への入り口となる南側の岬の先端が絶景スポットとして有名な観光地です。このサウスヘッドからも見える反対側の岬がノースヘッドで、マンリービーチのある半島になります。サウスヘッドは断崖の上にあり、素晴らしく見晴らしが良く、外洋とシドニー湾内の両方を見渡すことができます。上から断崖に打ち寄せるダイナミックな波の音を聞いていると地球の鼓動を感じます。このサウスヘッドへはシティのサーキュラーキーから Watson's Bay（ワトソンズベイ）行きのフェリーに乗り、26分で行けます。Opal ticket（オパールチケット）を購入すると、日曜日はわずか2ドル70セントで電車もフェリーもバスも一日中乗り放題です。下船したら、Robertson Park（ロバートソンパーク）を越えてワトソンズ ベイのバス停の前から Gap park（ギャップパーク）に入ります。登り坂はコンクリート舗装されていて上りやすくなっています。

　ワトソンズ ベイの船着き場の左手に Doyles（ドイルズ）というオーストラリアで一番歴史の古いシーフードレストランがあり、ノースヘッドを見学する前にビーチ前のテラス席を予約すると良いです。

　以前、両親をオーストラリア観光に連れて来た時に、私の Birthday（バースデー）をこのレストランのビーチ席で祝いました。夏の日が暮れたあとのシティの夜景を遠目に眺めながら波の音を聞き、潮風に吹かれて食べる美味しいシーフードは、私の両親にとっても最高の思い出になり

手前がSouth head 奥がNorth head

ました。帰りにWater Taxi（水上タクシー）を呼んだら、そのレストランの目の前まで来てくれたので、これには父が飛び上がって喜んでいました。オーストラリア観光には母は3回、父は2回連れて行きましたがしっかり時間をかけて母は合わせて7週間、父は3週間、オーストラリアに滞在しました。普通のツアー観光ではできない体験を沢山してもらいました。Weekly Apartment（ウイクリアパートメント＝週単位で借りられる部屋）を借りてSuper Market（スーパー）で買い物をして、キッチンで自炊をしたり、B.B（Bed and Breakfast 朝食付きの民泊）に泊まったり、私の古くからのオーストラリアの友人宅（Pool付きの豪邸）にホームステイをしたりして、オーストラリアを満喫してもらいました。この旅行は2人にとって大変思

い出深いものになったようです。

　10年前の父の葬儀には、この旅行写真をパネルにして皆さんに見ていただきました。そして、友人宅での大声で笑いながら会話をしているビデオも大型テレビで流したところ、「どの写真もビデオも本当に楽しそうで葬儀なのにあまり悲しみを感じない」と皆さんに喜んでもらえました。楽しいことが大好きで、いつも人を笑わせていた父らしい葬儀になったと思います。

野鳥の楽園マンリー

　マンリーには野鳥が多く生息していて、人と鳥が共存しています。夕暮れ時にはうるさいほど鳥たちが鳴いています。マンションの5階の私の部屋のバルコニーにも毎朝 Rainbow Lorikeet（レインボーロリキー）という小型のオウムのような鳥が2羽餌をねだりに来ました。その他にも Cockatoo（コッカトゥー）という大きな白い鳥も飛来していましたが、この鳥はバルコニーに置かれた木製の家具をかじるので嫌われています。あとは、鳴き声が美しいくちばしの黄色い黒い鳥 Indian myna（インディアンマイナ）も時々見かけます。

　シティのサーキュラーキーや Central Station（中央駅）の公園内でよく見かけるのが、くちばしの長い鶴のような黒い鳥 Ibis（イビス）です。レインボーロリキーはカフェの人がいるテーブルの上の皿や、まだ食べている途中でも

遠慮なくやって来て食べています。それぐらいオーストラリアでは人が野鳥に優しくしています。下の写真のように奥のテーブルではなんと人の飲んでいるグラスの水を飲んでいます。

　このように人と野鳥が共存するマンリーですが、カモメだけはマンリービーチやマンリーワーフで害鳥と化しています。観光客がファーストフードを餌代わりにカモメに与えるために、人間の食べ物が美味しいことを知ってしまいました。子供や女性がよく後ろから狙われ、ポテトチップスやハンバーガーを取られています。私も二度カモメに襲われほとんど食べていないハンバーガーを一瞬で奪われました。本当に腹が立ちます。ワーフ側の公園にはコッカトゥーが多く生息しています。

レインボーロリキー

マンリーの高級レストラン

　マンリーワーフには多くの高級レストランが立ち並んでいますが、その中でも Wharf（船着き場）の両脇に隣接する The Bavarian（ババリアン）や Manly wharf hotel（マンリーワーフホテル）、Hugos（ヒューゴ）、船着き場の左手の少し離れた場所にある Skif club（スキッフクラブ）などのレストランが地元の人達に人気です。ババリアンでは昼間から賑やかな音楽が店内から聞こえてきます。Verd（ヴァード）は最近開店した新しいヘルシーフードのレストランでオーストラリア人に人気です。

　船着き場左手のマンリーワーフホテルでは、木曜日の＄10 ステーキランチがお勧めです。たっぷりのポテトチップスとサラダの上に焼き加減を注文できる分厚いステーキがのってきます。

　店内中央に暖炉のあるマンリーで最も古いパブ Pub Hotel Steyne（パブホテル・ステイン）店内では 11 月 6 日に開催される Melbourne Cup（メルボルンカップダービー）がいくつものテレビ画面からリアルタイムで視聴ができ、馬券もそのお店で開催直前まで購入することができます。

　その日は地域のオーストラリア人が大勢 Pub（パブ）に集まり、男性はスーツ姿で馬券を買い、女性はオシャレに着飾って派手な帽子を被り、ワインやシャンパンを飲むの

が伝統です。マンリーワーフ内にある私のお気に入りのカフェは Chocolate by the bald man の Max brenner でカプチーノにチョコが入っていて甘くて美味しいです。フェリーの時間待ちで時々利用しています。

深夜まで開いているマンリーのスーパー

　マンリーのスーパーは深夜まで開いているので、英語教師の資格を取得するためにシティのスクールへ通っていた時には大変助かりました。既にコンビニもレストランもすべて閉まっている夜10時くらいまで学校で実習の準備をして、フェリーでマンリーに着くのがいつも11時半頃でしたが、スーパーの Coles（コールズ）のお陰で飢えをしのぐことができました。電子レンジで温めればすぐに食べられる物が売っているからです。後に詳しく書きますがこの実習を私は Hell Survival Course（地獄のサバイバルコース）と呼んでいました。食べる時間も寝る時間も削らなければならないほど追い詰められて、毎回の実習レッスンの準備をしていたからです。もう若くない私には本当に辛い時期でした。最初の1週間でめまいに襲われ、倒れそうになりましたが、何とか持ちこたえることができました。もう1軒の Aldi（アルディー）は夜の8時に閉まりますが、オーストラリアのスーパーで食料品が一番安く買えます。

個性的な旅行会社のスタッフ

　私の知るオーストラリアの旅行会社のスタッフは個性的な人が多くいます。まず、シドニーシティのTravel & Travel（トラベルアンドトラベル）は、全員日本人スタッフで、まだ流暢に英語が話せない日本人学生などの留学のサポートをしてくれます。この旅行会社に紹介をされInternational House（以下IHと省略）に入学をし、2018年の3月にTESOL IV（テーソル・フォー＝世界で英語が母国語でない人に英語を教える英語教師の資格）を取得しました。日本語ではトラトラの名で親しまれていますが、ここのGeneral Manager（ジェネラルマネージャー）の幡地淳さんはとても個性的です。初めは電話で問い合わせをしていたので、若者独特の敬語を使わず、気さくで単刀直入な質問と返答に20代のまだ若い青年を想像していました。

　オーストラリアでビザの代理申請の資格を取得して、この旅行会社で日本人学生の留学のお手伝いをしているというので、まだ若いのに優秀な人材だと感心していたのです。

　IHへの入学手続きのために直接オフィスを訪ねることになり、その幡地さんと会う機会がありました。他のスタッフに紹介をされ、「幡地です」と自己紹介をされた時に一瞬目を疑いました。私の想像していた、敬語を使わない単刀直入で気さくな話し方をする若者ではなく、若者言葉

で気さくに話す中年の男性だったからです。年齢は48歳（2018年）、31歳の時に旅行で来てオーストラリア中を回るうちにこの国が気に入り、2005年に現在の会社に採用が決定、2006年にMARA認定のRegistered Migration Agent（レジスタード・ミグレーション・エージェント＝ビザ代理申請）の資格を取得して今日に至るそうです。オーストラリアに来る前は、日本で食品関係の商社に勤めていたようです。まだ独身のようですが、もし子供がいれば高校生の子供がいそうです。外見と話し方のギャップに慣れるのに少し時間がかかりました。私が若者を想像していたことを伝えると、「でも、名前は幡地（20歳）なんですよね！」とウィットに富んだジョークで返され、一気に気持ちがほぐれ、気がついたら私もよそよそしい敬語をやめて気さくに話していました。問い合わせ電話をかけても、いきなり「ジュンです！」と弾んだ声で電話に出られ戸惑うことがありました。焦ると同じ言葉を繰り返し使います。「あのですね。あのですね……」「ですから、ですから……」。E-mailの返信もこちらが宛名を幡地様で送っているにもかかわらず、文末に「トラトラ じゅん」と戻ってきます。どうしてもFirst name（下の名前）を使いたいようです。でも、仕事はきちんとしてくれますので、安心してビザの申請をお願いできます。

　マンリーのシドニーロードにあるPeterpans（ピーターパン）というもう一軒の現地の旅行会社は、とっても陽気でいつも張りのある大きな声で話す、元気一杯の30代前後くらいのブラジル人女性のジュリーが責任者で、ここで

はWhale watching tour（船のクジラ見学ツアー）やニュージーランド旅行の航空券とホテルの予約、現地のOptional tour（オプショナルツアー）の予約等をしました。

　この旅行代理店は南米系のスタッフが多く働いています。スクールへ行く途中にあるので、店を覗いて客がいない時には店内で彼女とよく話していました。顔を見るなり、いきなり"Hey Chiaki. How's doing?"「ヤァ、チアキ。どうしてる？」と元気一杯に聞かれます。まるでチアガール並みのノリです。彼女と話していると少々嫌なことがあってもそれを忘れさせてくれます。

　日本への一時帰国も、二度こちらの旅行会社で手配をしてもらいましたが、格安チケットのジェットスターを購入した時に、この航空会社は乗り継ぎでオーストラリア国内を移動する時には国際空港ではなく国内空港を利用していることを知らされておらず、タクシーで国際空港に行きましたが、どこにもジェットスターのカウンターがなく、空港のスタッフに尋ねたらDomestic Airport（国内空港）に行かなくてはいけないことを初めて知り、慌ててまたタクシーに飛び乗りました。Domesticにはわずか10分以内で行けるにもかかわらず、そのタクシーの運転手からマンリーからのタクシー料金とほぼ同額を請求されたのです。

　オーストラリアに戻って来て、大変な思いをしたことをピーターパンに伝えると、その旅行会社自身がその事実を知らなかったようです。「良い情報をありがとう」とジュリーに言われました。内心、（お礼を言うのではなく、まず謝罪するべきでしょう）と思いましたが、その件では何

も言いませんでした。ニュージーランド旅行でも、宿泊先のヒルトンホテルの住所の番地が189を89と印字されていたために、「ここが本当にヒルトンホテルですか？」とシャトルバスのドライバーに尋ねなければ、重いスーツケースを押しながら、100番地も戻らなければいけなかったのです。

その上、帰りのシャトルバスの日付が月を間違っており、着いた日よりも帰る日が1カ月も早いという、とんでもないことになっていました。その日付の間違いに気がついたのはホテルのチェックインをする時でした。現地のシャトルバス会社に電話をしても、予約をした旅行会社からの予約変更でないと受け付けできないと言われ、旅行初日から一気にストレスがたまりました。それだけではなく、楽しみにしていた乗馬ツアーも最少人数の参加者が集まらないために一方的にキャンセルされたのに、既に旅行会社を通して支払ったツアー代金が返金されるかどうかも分からない状況でした。この問題を解決するために、ヒルトンホテルのフロントの職員が何度もその旅行会社に国際電話をかけてくれ、何とか帰りのシャトルバスの件は別の会社に予約の入れ直しをしてもらえて無事に解決し、乗馬ツアーの払い戻しの件も、何度かピーターパンに足を運び、そのツアーの予約をした別のオーストラリアの旅行代理店に交渉をしてもらい、無事全額返金されました。なんとその代理店はニュージーランドの乗馬ツアー会社に何の支払いもしていませんでした。つまり、ツアーがキャンセルされたら、支払いの必要がないため、旅行者が何度も要求をしなけれ

ばそのまま放置され、支払ったお金は一切返金されなかったかもしれないのです。

　ニュージーランドのヒルトンホテルから、私がすごく怒っていることをピーターパンに伝えてもらっていたので、この件ではジュリーは謝罪してくれました。

 ## オーストラリアは自己主張と交渉の国

　この国では何事も主張する人が尊重され重宝されます。何も主張をしなければ、それで構わないのだと判断され、損ばかりします。注文をした家具が1カ月過ぎても届かないということは日常茶飯事だと日本人在住者に聞きました。

　オーストラリアの大手ホームセンターのTarget（ターゲット）で3段の籐のチェストを購入した時でした。自宅で箱を開けたら、上段の角が大きく欠けてDamage（ダメージ＝損傷）を受けていたので、再び店頭にそのチェストを返品するために戻り、レジの店員に、購入した家具が不良品だから商品の交換をしてほしいと頼みました。すると、どこが不良品なのか見せろと言うので、ダメージ部分を見せたのです。すると、向こうにその家具が箱に入って置かれているから自分で箱を開けて不良品でない物をレジまで持って来れば商品の交換をすると言うのです。これには本当に腹が立ち、「客に不良品かどうかチェックをさせるとはこの店の品質管理はどうなっているの？　私の国の日本ではあり得ない。フロアーマネージャーと話がしたい」と

言ったら、今までの横柄な態度が突然変わり、隣でレジをしていたマネージャーが家具の担当者に電話で指示をして、その担当者が2箱開けて不良品でない物を探してくれたのです。最初の箱はまたしても不良品でした。この移民大国のオーストラリアでは文句を言いたくても、英語を上手く話せないために不良品でも我慢して使用している人が多くいるのかもしれません。この国の品質管理の向上のためにも妥協は絶対にするべきではありません。

オーストラリアでの家賃交渉

マンリーの自宅のWaterside Apartment（ウォーターサイド・アパートメント）の延長契約をした時のことです。最初の8カ月の賃貸契約が12週間後に切れるので、契約延長をしたいと不動産のB Estate（B不動産）のProperty manager（物件担当者）に連絡をしたら、オーナーと連絡が取れ、返答が来たら連絡をするということでした。もし、そのオーナーが延長を断って来たら、そこを引き払い、また別の部屋を探さなくてはいけません。しかし、1カ月たっても何の連絡もないので、こちらから再度問い合わせをしたところ、オーナーがヨーロッパ旅行中で返答がなかなかもらえないのだということが分かりました。このまま返答を保留にされたら大変なことになると思い、次の延長時期がケンブリッジテストの日と重なるので引っ越しはできないことをオーナーに伝えて返答を早くもらい

たいと要望しました。「旅行中でもスマホでe-mailのやり取りはできるはずではないか」とも追及し、それから2週間後にやっともらえた返答が、家賃週＄460から＄480に値上げの上、半年間契約とのことでした。Kaplan International School（カプラン・インターナショナルスクール）の教師で、友人にもなったオーストラリア在住22年のブラジル人のアナに、家賃の値上げをせずに1年契約にするにはどう交渉すべきか相談しました。その部屋は家具付きのStudio Apartment（スタジオ・アパートメント）なので、まず、その部屋で不都合な点をいくつかあげ（ベッドのマットレスのスプリングが弱くなっていてその上にベッドマットを敷かなくてはいけないので、その購入にお金がかかること、西日が強く直接部屋に日差しが入って午後になると部屋の中がとても暑くなること、備え付けのワードローブが傷んでいること）、それらを理由にして、さらに1年間に契約を延長するので、家賃を現状維持したいと伝えれば、確約はできないが、かなり有効な交渉術になるということを教えてくれました。実はこのスタジオ・アパートメントは、部屋にベッド、テレビ、ワードローブ、デスク、キッチンツール、浴室、エアコンなどが付いており、5階でバルコニー付きなので眺めは良く、建物の左手奥にはシドニー湾を眺めることができます。年末のマンリーの打ち上げ花火も部屋から見ることができるのでこの部屋をかなり気に入っていました。その上、3階にプールとジャグジーとジムが付いているので、この人気の高いリゾート地のマンリーでは週＄460でも安い方でした。

Desk と Sofa と Kitchen、Kitchen の裏が Bath room

バルコニーからの景色

早速、彼女から言われた通りに私の部屋の担当Property manager（プロパティ・マネージャー）にe-mailで伝えたら、今度はすぐにオーナーから返答がもらえ、私の要望通り1年間延長、週＄460で再契約ができると返信がありました。1年52週間で＄1040も家賃の値下げ交渉に成功をしたのです。その後さらに2カ月の延長を、家賃の現状維持で交渉しましたが、それも通りました。合計で＄1200の家賃の値下げになります。

　アナに伝えたら、"Well done! Chiaki"「チアキ、よくやった！」と言って喜んでくれました。不動産会社を通しての交渉になるので、オーナーがどんな人かも分からず、リスキーな交渉でしたが成功しました。姉も、「私なら言われたままに家賃を支払っていた」と驚いていました。

　何か用事があってオフィスに行く度に、そのプロパティ・マネージャーとも話をし、私がいかに勉強が大変で頑張っているかを知っていたので、応援の気持ちもあったのか、オーナーにも上手く交渉をしてもらえたようです。

　とにかく、オーストラリアでは自己主張と交渉が大切です。

オーストラリアのホームステイ事情

　2017年の1月1日、記念すべき初の海外留学はホームステイから始まりました。留学の前年にマンリーを訪れ、部屋を探してみましたが、まだ随分と先の話で不動産屋も

入居1カ月前にならないと動いてくれません。

　帰国してからも、インターネットでシェアアパートメントを探し、直接電話もかけてみましたが、半年以上も前では相手にもされませんでした。相手は今すぐにでも入居できる人か、遅くても2〜3週間以内に入居できる人を探しているのです。仕方なくKaplan International School（カプラン・インターナショナルスクール）にホームステイを紹介してほしいと依頼しました。2016年に申し込みをした時の料金は週＄295でしたが、オーストラリアに着いてすぐに＄305に上がりました。ホームステイ料金は毎年値上がりする傾向にあるそうです。食事は平日朝食と夕食の1日2食、週末はランチも入れて1日3食のはずですが、各ホームステイ先の事情で食事の回数は変わります。

　最初のホームステイ先はマンリーに近いDee Why（ディーワイ）の家で、スクールへ行くバス停から7〜8分の場所にありました。バスは25分でマンリーに到着し、そこからSchool（スクール）まで徒歩で3分くらいでした。60代後半の奥さんと70代前半のご主人で、ホストマザーのエレンは大柄の人でした。ホストファザーのジョーも同様に大柄でしたが妻ほどではありません。エレンは料理が趣味で、一度作った料理のレシピは忘れないそうです。どの手料理も本当に美味しくて毎晩のディナーが楽しみでした。しかし、物音に厳しい人でした。ドアの開閉の音がうるさいとエレンから何度も文句を言われ、極力音を立てずに開閉をしていたのですが、ある日バルコニーから強い風が吹き、バンと大きな音を立ててドアが閉まってしまいま

した。するとエレンが血相を変えて私に、「どうして何度も同じことを言わせるのだ」とすごい剣幕で怒鳴りちらし、まるで小さな子供を叱り付けるような言い方でした。「ドアに手を触れていないから、多分風の仕業だと思う」と言っても話を聞こうとしません。

　それからしばらくして、リビングでテレビを一緒に見ていた時に、同じように、また風でドアが大きな音をたてて閉まりました。実はこの時はわざと部屋のドアを少し開けておいたのです。「エレン、今の音聞こえた？　私はドアに触れていなかったでしょう。だから、風の仕業だと言っているでしょう」

　彼女は何も言わずにソファーに座り、テレビの方を見ていましたが、少しバツが悪そうでした。キッチンでも私のちょっとした仕草が気になるようで、私がいつもの癖で、食事をする前にナイフやフォークの先を少し水で流しただけで、「（うちの食器が）汚い（という）のか」と怒っていました。ただの癖であることを伝えましたが、私のように流暢に英語が話せても、これだけ誤解が生じるのだから、初めて海外留学をした語学力のない学生なら、何を言われてもただ我慢するだけで、さぞストレスが溜まるのではないかと思います。のちにストレスによるものではないことが判明しましたが、この頃から夜ベッドに横になると、右奥歯が激しく痛むようになっていました。でも体を起こすと、その痛みがやむのです。

　翌朝、ホストファザーのジョーにそのことを伝え、総合病院を紹介してほしいと頼みました。総合病院は長時間待

たなければいけないので、スクールへ行く途中にあるBrookvale（ブルックヴァル）の病院を紹介され、中国系の女医に症状を伝えたところ、ストレス障害だと診断され精神安定剤と痛み止めを処方されました。これにはジョーが同情してくれて、エレンがまた私にガミガミ言いそうになるとジョーがかばってくれるようになりました。

　この家には5週間の予定でしたが、遠方に住むエレンの親友のご主人が亡くなり、その親友が一人暮らしになって寂しがっていて夫婦で慰めに行きたいから、1週間早く家を出てほしいと言われました。その友人宅には1週間いる予定だというのです。本来ならホストファミリーはKaplan International School（カプラン・インターナショナルスクール）との契約期間は責任を持たなければいけないのですが、たまたま近くに別のホームステイ先が見つかり、その家も新築したばかりで部屋も綺麗で居心地が良さそうだったので、そこに移ることにしました。そして、次の家にはいつまでも好きなだけいられるはずでした。

　そして、留学5週目のホームステイ先がBrookvale（ブルックヴァル）で、バス停から5〜6分で、マンリーまでバスで15分ほどの所でした。今回のホストマザー・ファザーは私よりも年下で若い夫婦でした。子供は当時11歳で双子のアレックス（男の子）とアン（女の子）です。ホストマザーのリズは早期幼児教育の資格を取得して新しく職に就いたばかりで、まだ仕事に慣れておらず、イライラして子供達にいつも当たり散らしていました。ホストファザーのビルは機械工で主にコンピューターの設定をしてい

たようです。彼の英語の発音は、癖があり聞き取りにくかったのですが、そんな時はいつも子供達が言い直してくれて理解できました。

　部屋は以前いた家よりも広く、窓も大きく開放感があったのですが、エアコンがなくシーリングファンが各部屋に付いていました。しかし、2月の真夏では十分に涼しいとはいえません。夫婦共働きで食事を作る時間があまりなく、夕食は冷凍食品を温めて食べたり、ファーストフードだったり、ビルが早く仕事を終えた時には彼が食事を作ってくれたりしていました。オーストラリアの家庭では夕食時間はたいてい6時〜7時の間ですが、この家は少し遅めの7時半でした。私は料理が好きだと言ったら、滞在中に3回も家族分のディナーを作ることになってしまいました。幸い私の料理を喜んで食べてくれましたが、子供達の口には合わなかったようです。この家ではすべてリズが指揮を執り、他の家族はそのルールに従わなくてはいけません。彼女は病的なほど音に敏感で、20メートルも離れた私の部屋の引き出しの開閉や椅子をひく音がうるさいと言われました。その音が気になり、夜眠れないとまで言うのです。引っ越しの直前にクラスレベルが上がり勉強も難しくなり、水曜日のプレゼンテーションと金曜の書き取りテストの前日はどうしても夕食の後で遅くまで勉強をしなければならないため、毎晩11時過ぎまで起きていました。それがどうも気に入らなかったようです。キッチンの照明も電気を多く消費する照明器具は使わないように言われていたので、物音よりも本音は電気代が惜しかったのだと思います。昔

はホームステイと言えば、純粋に異国の文化に興味があって海外留学生のお世話をしたくて家族として受け入れをしていたのが、今では一つのビジネスとして考えている家庭も少なくないようです。実際、ホームステイは色々と問題が多く、初めは皆ホームステイでオーストラリアに滞在していても、すぐに学生同士で部屋を借りてShare accommodation（シェアハウス）をしているようです。リズのヒステリックは日を増してひどくなる一方で、子供達への叱り方は度を超えていました。まるで人格を否定するかのような言い方で何度も止めに入ろうと思いましたが、思いとどまりました。他人(ひと)の家の教育方針に意見を言うべき立場にないからです。八つ当たりはご主人のビルにも及び、まるで離婚一歩手前の夫婦喧嘩のように見えました。ある日、子供達がいない時に私達3人でリビングにいた時です。リズがこの家から誰もいなくなってほしいと言うのです。そうすれば、彼女のイライラがなくなるのにとビルに話していました。その言葉を受け、彼は子供達を連れてしばらくホテルにでも泊まろうかと言っていました。彼らの話には、どうも私は存在していないかのようでした。内心ひどい話だとは思いましたが、その場はそのまま聞き流して、美しい夫婦愛だと感想を述べておきました。

　5週間の滞在期間中にビルの弟が二度訪れ、少し話をしましたが、この家に来た学生でこんなに長く滞在できたのは私が初めてだと驚いていました。どの学生も2週間と持たなかったようです。しかし、ついに彼女の八つ当たりの矛先が私にまで及び、先に述べたような深夜の椅子や引き

出しの開け閉めがうるさいとか階段の上り下りの時に靴を脱げとまで言われ、最後は机の電気のランプまで取り上げられてしまいました。さすがに我慢の限界が来て、スクールのホームステイ担当スタッフのマリアナに、他のホームステイ先の紹介を依頼しました。

　紹介された家に見学に行きましたが、部屋が狭い上に勉強をする机も服をかけるワードローブもありませんでした。古びたシングルベッドと天井まである棚があるだけでした。どうもマリアナがスクールのホームステイ先として登録する時に見学をした、広くて机もありワードローブもたっぷりとある部屋とは違っていたようです。その部屋は別の学生が半年契約の延長をして予約済みでした。マリアナは当然その部屋を気に入るだろうと見越して、私の返事を待たずに先にリズにメールをして、私が現在のホームステイ先を気に入らないから1週間後に引っ越しをすると伝えてしまいました。あとからマリアナが引っ越し日の延長ができないかと問い合わせをしましたが、リズは激怒しているので当然聞き入れるはずがありません。さらに悪いことに、もう日にちがないのでその家に決めようとしていたら、そのホームステイ先から断りのe-mailが届いていたのです。見学をした時の気乗りのしない様子を見抜かれ、向こうから断ってきたのです。次の引っ越し先が決まっていないのに、あと1週間で現在のホームステイ先を引き払わなくてはなりませんでした。しかもマリアナは、2日後に2週間の休暇に入るので、残り1日半で新たな受け入れ先を見つけなくてはいけませんでした。もう、私もレッスンどころ

ではなくなり、授業が始まっても心配で彼女のデスクの前で彼女が次々と電話で問い合わせをしている様子を見ていました。やっと次の受け入れ先が決まったのが、彼女のホリデーの前日の夕方でした。もうそこしか行くところがなく、見学なしで次のホームステイ先を決めましたが、この家がシドニー湾を見渡せる、小高い丘の上にある歴史的建造物で、私の大好きなアンティーク館でした。リズの家での最後の1週間はまるで針のむしろ状態で、家に帰るのも嫌で、なるべく長くスクールにいるようにしていました。それでも、最後の別れの日には家族全員の良いところを述べてそれをあいさつ代わりにお別れをしました。

3件目で初めて出会えた親切なホームステイ先

今回の留学で最後のホームステイ先になったのが、カプラン・インターナショナルスクールまで歩いて15分の場所で、マンリーワーフまでは徒歩10分くらいの所でした。100年以上前に建てられたアンティーク館の持ち主のホストマザーはイボットというヨーロッパ系移民で、ホストファザーはダニエルというニュージーランド出身者でした。2人の息子たちは40歳近い年代で、別に暮らしている長男のアンデューは、奥さんが日本人で小さな子供が2人いました。ほぼ毎週、その孫たちがこの家に遊びに来ていて、小学校低学年の上の孫はいつも私やもう一人の日本人留学生に日本語で話したがっていました。私達は2階の部屋で

したが、階下にはブラジル人の若い女子留学生がいました。ブラジルでは常に誰かがパーティーを開催していて、リズムに合わせてサルサダンスを踊っているそうです。そんな自国の文化を持つ彼女は朝帰りも頻繁にありましたが、夕食が要るか要らないかさえ伝えれば、ホストファミリーから咎められることもないようでした。

　部屋は古びた感じはありましたが、今までで一番広くて机もワードローブもあり、ベッドはクイーンサイズでした。驚くことにそのベッドのシーツを毎週新しく取り替えてくれ、洗濯も毎日のようにして、私達に家族の分と一緒に洗うから何か洗濯物はないかと聞いてくれた上に、乾いたら部屋まで届けてくれました。朝食を２階のテラスで取りたいと伝えたら、それも快く了解してくれたのです。初めて親切で良心的なホームステイ先に出会えました。でも、このような家は珍しいのです。23歳の美香ちゃんとテラスに明かりを灯して夕食後にお茶をすることも私達の楽しみでした。彼女は、私の今までの経験にとても興味を持ち、彼女からよく誘われて、夜のテラスで話し込んでいました。どうすれば英語が上達できるのかも聞かれましたが、ただただひたすら真面目に勉強をするしかないと答えました。マンリーで若い日本人留学生を多く目にしてきましたが、せっかく留学をしているにもかかわらず、毎日バイトや遊びで貴重な時間を費やしてしまって、気がついたら滞在期間のビザが切れ、思うような語学の上達も得られないまま帰国日を迎えている学生が少なくありませんでした。

　語学はとにかく日々の努力の積み重ねで、先にも述べま

したが、外国に来たからと言って一朝一夕に上達するものではないのです。ある程度の期間、気が触れたように勉強して初めて自分でも手応えを感じることができます。あとは人との会話やテレビで耳にした言葉が分からなければ、面倒くさがらずにすぐにその場で辞書を引いて調べることです。これに加えて、私は心に浮かんだ言葉や表現が英語に直せなければ、何をしているさなかでもすぐに調べて、なるべく早くその表現や言葉を人との会話の中で使うようにしています。一度会話で使った言葉や表現は忘れません！Cambridge（ケンブリッジ）やIELTS（アイルツ）のように資格受験コースを受講することをお薦めします。目標ができるし、受験に合格できた時に自信になります。ただし、これらのコースは既にある程度の語学レベルがないと受講さえできません。まず、留学先の語学スクールに問い合わせて、どの程度の語学レベルが必要なのか聞いてください。ネット上でテストを受けられるスクールもあります。各スクールに語学力を試すテストがあり、そのスクールが定めるレベルの点数が取れればクラスに参加できます。オーストラリアでは日本の英検レベルは通用しません。

　まずは、それが当面の目標になります。こうして目標を1つずつクリアしていけばある程度の語学力が身につきます。とにかく、少しでも多く聞いて沢山Native English Speaker（ネイティブ・イングリッシュ＝英語を母国語とする人）と話すことです。語学は話すことに慣れるのも大変重要です。ただ、何となく通じているから大丈夫ではなく、どこまで相手に正確に言いたいことが伝わったかが大

切です。あとは、テレビでも人との会話でも、どのような表現を使っているのか、よく聞いて真似るのがNative Englishに近づくポイントです。

スクールに通いながらの住まい探し

　ところで、学生を最高に持てなしてくれるこの家には契約で4週間しかいられませんでした。ホームステイ担当のマリアナからも念を押されていたので承諾をしていましたが、次は自分でアパートメントを探さなくてはいけません。Kaplan（カプラン）の校長のローサに、今までホームステイ先に恵まれず、大変な扱いを受け苦労したことを伝え、アパートメント探しを手伝ってほしいと相談したところ、インターネットのDomain.comにアクセスして、まず自分であたってみて、もし見つからなかった時はヘルプをしましょうという返事でした。早速、言われたサイトにアクセスして、良さそうだと思った物件を1件ずつあたりましたがなかなか条件が合いません。

　ホームステイ先を出る日が刻々と迫る中、クラスで出される宿題やテスト勉強、プレゼンテーションの準備などをしながらの住まい探しは、本当に骨が折れる作業でストレスも溜まりました。

　思いきって週の家賃を$500までに上げてマンリー地域で探したらDomain.comで今のアパートメントが出てきました。週$500以内の家賃でマンリーでの唯一の物件でし

た。それほど、このマンリーは賃貸物件が高いのです。まず、サイトで物件の見学日の日時を知りe-mailで見学の申し込みをします。そして、その指定日時にそのアパートメントで不動産の物件担当者と会い部屋を見せてもらえます。いつでも好きな時に部屋を見られる訳ではないのです。でも、割と頻繁に見学会は開催されるのでだいたい連絡を取ってから5〜6日以内には見学が可能です。

　その日の見学には、私の他に英語圏の海外から来ているカップルが1組いました。その時、同じアパートメントのビル内で3件の空き物件、あるいは近々空く物件を見学しましたが、下の階から部屋を案内され、サイトに掲載された＄490、次に＄475、これらの部屋は窓からの見晴らしも良くなく、特に2部屋目はまだ入居者がいるため、部屋も散らかっており、バルコニーもなく、ベッドが壁に収納するタイプなので女性の私では無理だと思いました。最後に見学したのが、現在の私が借りているバルコニー付きの、窓からの見晴らしの良い快適な部屋で、しかもなぜか家賃は一番安く＄460でした。そのカップルは気に入った様子でしたが、検討して、あとで連絡をすると担当者に話していました。私はもうここしかないと思い、他の人に奪われないうちに契約をしなくてはと、見学後すぐに最後に見た部屋を契約したいと申し込みをしました。オーストラリアでの賃貸契約には、身分を保証するパスポートと滞在ビザ証明、身元保証人（現地在住の人、これは古くからの知り合いで全面的に信頼できるオーストラリアの友人にお願いしました）、そして、これが重要ですが、家賃の支払いが

十分に可能である収入か、あるいは銀行預金額の証明が必要で、これには私のオーストラリアの銀行の預金残高証明書を添付しました。

　無事に契約が済み、あとは引っ越し日ですが、私は現在のホームステイ契約がまだ1週間あるので、すぐには引っ越せないと事情を伝えたのですが聞き入れてもらえず、今週末の引っ越しを迫ってきたのです。困ってしまい、ホストファザーのダニエルに相談したら、契約解除の恐れもあるので向こうの言う日に引っ越しをした方が良いとアドバイスを受けました。しかし、現在のホームステイ先への代金は1週間分少なく支払われることになります。こんなに良くしてくれた家に恩を仇で返すようで嫌でした。本当は契約期間までホームステイをしたかったのですが、ダニエルの助言に従いました。

　でも、ホストマザーのイボットは気分を害したようです。それから、私を避けるようになり刺々しい雰囲気になってしまいました。やはり、お金に関することなので「行くところがない貴方を助けてあげたのに、なぜ約束の4週間いられないのか」と私に対して腹を立てている様子でした。

　そこで、その家を出る日にA4用紙1枚分にびっしりと、いかに今までのホームステイ先でひどい扱いを受けてきたか、どれほどこの家が素晴らしいのか、本当はもっとこの家に滞在したいけど、それが許されない状況なので今日の引っ越しになってしまったことなどを素直な感謝の気持ちを心苦しい思いとともに書いて、自分の部屋の机の上に置きました。荷物を全部階下に運び出し、あとはKaplan

International School（カプラン・インターナショナルスクール）の引っ越しサポートの車を待つだけでした。

　すると、どうも私の手紙を読んでもらえたようで、イボットの様子が変わり、積極的に私の荷物を階段下の車まで運ぶのを手伝ってくれました。最後に本心を伝えることができて良かったと思いました。カプランで身につけたフォーマルな文章の書き方がこの時役に立ちました。あまり親しくない人に対しては、話し言葉をそのまま文章に書くことはできません。シンプルで分かりやすく、尚かつ丁寧な文でないと相手の気持ちを害してしまいます。

初めての海外留学の初日

　2018年1月3日のKaplan（カプラン）初日は、スクール説明と学生登録の写真撮り、そして語学力を判断し、クラスのレベルを決めるAssessment（アセスメント）と呼ばれているテストを約1時間半受けました。このテストはリスニングとリーディング、最後にライティングがあり、所要時間は各生徒にゆだねられ、この時間までに終了しなければならないということはありませんでした。でも、私が一番得意とするスピーキングがなかったのです。だいたい大学にも行っていない私はテスト形式そのものに慣れておらず、しかもパソコンを使用しての受験は戸惑うことばかりでした。そして、そのテストの結果、クラスはLow Intermediate（下級レベル）という判定になってしまいま

左がブラジルから来たリナタ、初めてのクラスで親しくなったクラスメイト

した。納得がいかず、クラス分けの担当教師のデービッドに交渉をしましたが、私のクラスの判定を覆すことはできませんでした。

　そのクラスには様々な国から来ている様々な年齢の生徒達がいましたが、流暢に英語を話せる生徒はおらず、私はいつも"Chiaki! Speak more slowly"「チアキ！　もっとゆっくり話して」とクラスメイト達から言われていました。レッスンの内容は既に知っていることばかりで、何もこのクラスで学ぶことはないと感じていたのですが、やはりここでもテキストの見方や答えの選び方を勘違いしたりしていたので、初めの2週間くらいはかなり戸惑っていました。しかし、早めに次のAssessment（アセスメント、テスト）

を受けて Intermediate（中級レベル）の判定を取り、4 週間でその Low Intermediate（下級レベル）は卒業することができました。

中級レベル Intermediate のクラス

　このレベルでは毎週水曜日にプレゼンテーションがあり、課題に沿ってインターネットで調べて、写真やビデオなどを使いクラスで発表をしなければなりませんでした。そのプレゼンテーションの内容をスクールの最終日の金曜日までに案としてまとめて、教師に e-mail で提出しなくてはいけません。しかし、そのプレゼンテーションの写真を載せる Power point（パワーポイント）というソフトウェアのことも、教師に e-mail を送るために G-mail を取得する方法も何も知りませんでした。その窮地を救ってくれたのが、京都大学の学生の 19 歳の日本人のクラスメイト・涼介君でした。まず、私の G-mail のアカウントをパソコン上で作成してくれ、それを私のスマホにもダウンロードしてくれたのです。Power point のことも教えてくれました。親子以上に年の差があるのですが、彼は私を自分の 1 クラスメイトとして、困っているから助けてくれたようです。本当に助かりました。涙が出るほど嬉しかったのを覚えています。涼介君のスクール最終日に、お礼にマンリーの Humphreys News agency（ハンフリー・ニュースエージェンシー）という本や文具、お土産物などを売るお店で高

級Note book（ノート）を卒業祝いに購入しプレゼントをしたらとても喜んでくれました。

　発表する時は、メモ書き程度のものを見ることは許されていましたが、できるだけ自分の言葉で話し、用意された文章を読むことは禁じられていました。そのプレゼンテーションの良し悪しをクラスメイト達がメモに書いて教師に提出をすることが義務づけられていたのです。2カ月半いたので、全部で10回のプレゼンテーションをしましたが、私はいつも他の生徒達とは一味違う個性的な内容のプレゼンテーションをしていたので、クラスメイト達はいつも私のプレゼンがどんな内容なのか興味津々でした。その中でも特に興味深く聞いてくれたのが、Discovery of Japan（ディスカバリー・オブ・ジャパン）というタイトルで奥飛騨の高山、白川郷、上高地を紹介した時でした。美しい日本の自然や古い街並みをPower point上で写真付きで紹介し、日本の伝統的なHotel（旅館）も紹介しました。仲居と呼ばれる旅館の女性スタッフが客室に入り、私達が夕食を済ませて部屋に戻る時には既に布団が畳部屋に敷かれており、宿泊客はその床の上に敷かれた布団で寝るという私達日本人にはごく当たり前のことが、欧米人の生徒達にはとても新鮮に受け止められ、教師にまで興味を持たれて、是非、奥飛騨に行きたいと言われました。そして、上高地は、日本人ではなくイギリスの宣教師ウエストンによりDiscovery（発見）された事実を知り、その土地の本当の美しさは、その景色を見慣れた現地の人では発見され難いことも伝えました。初めてのプレゼンテーションも、何も

分からないところから始めた割には上手くまとめることができました。

次の課題はショッピングで、他の生徒達は自分が購入した物などを紹介したりしていたのですが、私は大好きなイギリスのブランドLaura Ashley（ローラーアシュレイ）を取り上げました。友人とのヨーロッパ旅行中にスイスのベルンでお店を見つけ、クリスマスセールでダークブラウンのベルベット刺繍のドレスを購入した話をして、そこから彼女が独自の世界感でブランドを立ち上げたいきさつを話しました。Laura Ashley は、アルバート博物館で展示されていた小さな伝統的ハンカチを見てインスピレーションを得て、ビクトリアンデザインを現代によみがえらせたのです。そして、そのビクトリアンデザインの花柄をスカーフにプリントして店頭で販売したところ大ヒットをしま

クラスメイトと教師達で Lunch

した。ビジネスを成功させるには、人が潜在的に欲しているがまだ世の中にない物をプロデュースすれば、必ず事業は成功することや、自分のためではなく人や社会のために貢献する気持ちがあれば成功させることができるという独自の考えも伝えました。

このプレゼンテーションは、若い他のクラスメイト達に新鮮な感覚で受け止められたようです。終了後拍手が起き、南米の男子にFace book（フェイスブック）をやっているかと聞かれました。私とコンタクトを取りたかったようです。一時期短い期間だけFace bookをスマホに入れていましたが、一気に世界につながるFace bookに弊害を感じて残念ながら削除してしまいました。

クラスレベルが上がる度にクラスの平均年齢は下がって行きました。このクラスの担当教師が、のちに友人になったブラジル出身のアナでした。家族で私の出身地の名古屋に遊びに来てくれるので高山と上高地を案内する予定です。

ネイティブも受験をするIELTS

次に入ったクラスがIELTS Preparation Course（アイルツ・プリパレーションコース）というクラスで、IELTS（アイルツ）の受験準備コースでした。ヨーロッパや南米から来た優秀な留学生達が多い大変なクラスでした。毎週月曜にリスニングテスト、水曜日にリーディングテストがあります。その内容はNative（ネイティブ）も就職のた

めに受けると言われるほど難しく、あらゆる角度から環境、社会、テクノロジー、歴史、動物保護などの問題を考え、自分なりの解決方法を示して、尚かつ人を納得させないといけません。元々の情報がないと答えられないのです。しかも、それを英語で論文形式にして書いたり話したりしないといけません。リーディングも、世界のどこかの大学の研究論文やリサーチを読んで、その論文の中に書かれている答えを探し出し、1時間以内に40問答えないといけません。リスニングは、電話の会話やインタビューの内容などを聞きながら、文章で書かれた内容と照らし合わせて答えを見つけ出し、虫食い問題はその文字を書き込まないといけないのです。しかも、わざと違う表現が使われるので、同義語の言葉を複数、知識として知っている必要があります。こちらは35分間で40問です。金曜日には、教師がIELTS（アイルツ）のリスニングによく出る、問い合わせでの電話番号や住所の聞き取り、難しい単語の書き取りや意味からその言葉を連想して単語を書くなど、25問ほどのミニテストがありました。

　毎週のIELTS（アイルツ）のテストの成績は教師が記録をしているので、リーディングとリスニングの点数結果を伝えなければいけません。このとんでもなく難しいテストでほとんど満点に近い成績を収めていた生徒がいました。彼女はチェコ出身のベロニカ。20歳で英語は幼い頃から習っていたそうですが、15歳から本格的に勉強を始め、今では毎年100冊の英語の本を読破しているというのです。これはもう敵わないと思いました。私がテストの半分の回

答が合っているかどうかといった感じなのに、彼女は間違えた問題を数えた方が早いのです。もともと素敵なブロンズヘアなのにいつも髪をピンクに染めていました。彼女の名前ベロニカを「紅呂尼香」と書いて、一文字ずつ漢字の意味も教えてあげたところ、大喜びをしてくれました。子供の頃から宮崎アニメで育った彼女は大の日本好きなのです。日本のアニメは今や世界を席巻しています。リトルビレッジの若いイギリス人やアメリカ人教師もやはり日本のアニメが好きで日本に来たと話していました。特に宮崎アニメは世界で殿堂入りをしているようです。

IELTS の担当教師ケイト

　このクラスの担任教師が、アメリカ出身の 30 歳、ケイトでした。彼女のレッスンは分かりやすく、常にクラスの生徒達がテストの結果で落ち込まないように激励してくれたのです。IELTS（アイルツ）のテスト前には、このテストはネイティブも受けているものだから結果をあまり気にしないようにと話していました。そして、感心するのは、どんな生徒のどのような質問にも必ず答える前に "Great question"「すごい質問です」と言うのを忘れないことでした。教師から自分の質問が素晴らしいと褒められた生徒は自信が付いていき、質問をためらわなくなります。これが彼女の目的でした。彼女は常に生徒達に「何か質問はないか」と聞いていました。「どんな質問でも Welcome（歓

迎）だから質問をしてほしい」と言っていました。生徒達にどんどん質問をさせ、彼らの英語の知識を増やしていったのです。教師側から一方的に話していたのでは、単に情報を提供するだけになりますが、生徒側からの質問に答える形式ならば、生徒自身が知りたい情報なので知識になります。

　これと似たように、私はリトルビレッジで子供達に逆に質問をして彼らに自分で考えて答えを導かせていました。根底にある目的とその効果は同じです。

　ライティングの宿題ではエッセイ（ミニ論文）を教師に提出します。環境や動物保護、またテクノロジーなどの問題に対し、私の独特な解決方をまとめてケイトに提出すると、彼女から、私の「問題のとらえ方がユニーク」だとか、「視点が素晴らしい」などの感想が返ってくるようになりました。そのうちにクラスの問題についても、よく２人で話すようになりました。彼女が悩んでいたのは、若いブラジル人やヨーロッパから来た留学生達がレッスン中であるにもかかわらず、スマホでメールの送受信をしたり、レッスンとは関係のないことをクラスメイト同士で話していたり、特にひどいのは、20歳の男子のブラジル人留学生ダグラスが自分専用のパソコン上でIELTS（アイルツ）のリーディングテストを受けている振りをして、ずぅーっとインターネットで好きな車種を見ていたことです。私は彼のすぐ隣でその画面が見られる距離にいたため、一体いつになったらテストを始めるのか、初めの15分間は彼が気になってテストに集中することができませんでした。彼が

テストを始める気配がないので、私は我慢できずにテスト用紙を持って途中で席を移りました。テスト結果を彼はどう教師に伝えるのかと注視していると、なんと「今日は調子が悪かったから点数がよくなかった」と言い、いつもより低めの偽りの点数を教師に報告していたのです。ケイトにその事実を伝えましたが、気がついていたようです。

　また、遅刻が日常茶飯事になっていたある20代半ばのブラジル人留学生グストとスイス人留学生ケティーがリスニングテストでクスクス笑いながら話していた時でした。既に聞き取りが始まっていて、他の生徒達は一言も聞き漏らすまいと緊張しているさなかのことです。それが二度目であり、ケイトが注意をしているのに会話をやめようとしないので、私は我慢の限界が来て、一言"Shut up!"「黙れ!」とクラス中に響く声で怒鳴ってしまいました。一瞬でクラスは静まり返ったのですが、驚いたように皆私の方を振り返り、その日から自習室のStudy Center（スタディーセンター）でも私がいると皆が気を使い、静かに話をするようになりました。実際スクール内では英語以外の言語を使うことは禁じられていましたが、誰もルールを守る生徒はいませんでした。生徒が教師の言うことを聞かなくなっていたため、ケイトからは私の"鶴の一声"は大変感謝されました。

　ケイト自身でも色々な方法を試していました。例の遅刻常習犯の生徒達に対しては、クラスのドアの外側にレッスン開始15分後の入室を禁止すると書いてドアを閉め完全にShut out（締め出し)、遅刻した生徒達を教室の外で1

時間も待たせたこともありました。また別の日には、生徒全員からスマホを預かり、それをスクールの受付に預け、スクールから往復で30分ほどかかるSherry beach（シェリービーチ）まで、誰とも話をせずにただ黙って歩いて、また戻ってくるということを生徒達に課したこともありました。

「貴方がしていることはすべて正しい！　貴方の毅然とした勇気ある態度が好きだから、何か私にできることがあれば言ってください。喜んで協力したい」と伝えたら、涙ぐんで"Thank you, Chiaki"「チアキ、ありがとう」と言われました。彼女もここまでしていいものか、悩みながら行動を起こしていたのです。でも、彼女の行動は正しかったのです。生徒達にケイトの思いは伝わり、いつもと違う教師の対応に生徒達はそれぞれに何かを感じたようで、以前よりも真面目にレッスンを受講するようになりました。彼らは自分達の行動が悪いとは気づいていなかったのだということを私は初めて知りました。皆、素直にケイトの指示に従い、あれだけお喋り好きな彼らが30分も黙ってただ歩いていたのです。なんだ！　本当は皆素直で良い子達なのだと私も気がつき、それからはあまりイライラすることもなくなりました。

　このクラスは最終的に4カ月受講しました。7月からKaplan City（カプランシティ）校でAcademic Purposes（アカデミック・パーパス）を受講する予定で、IELTS（アイルツ）はそれまでの中継ぎのつもりでしたが、クラスに興味が湧きそのまま受講を続けることにしました。実

は、Intermediate（中級レベル）からこのクラスに変わる時に一時帰国をしていました。例の右奥歯の痛みが治まらず、ますます痛みが増していたのです。

　快適なアパートメントで、ひとり暮らしを始めたのに、これはもうストレス障害ではないと自己診断をして、日本で掛かり付けの歯医者に診てもらいました。すると、親知らずの虫歯と診断され、すぐに抜歯をしてもらいました。結局ただの虫歯でしたが、現地の医者の診断を信じて、処方された痛み止めの薬を３カ月間も飲み続けていたのです。オーストラリアの病院では医者が処方した薬をその病院内にある薬局で購入するのですが、各々の薬を１箱分購入しなければならず、３カ月たってもまだ薬が残っていました。

　でも、この18日間の帰国をしたお陰で私の受講期間が延び、その受講終了日がギリギリ Cambridge Course（ケンブリッジコース）３カ月の最終日となり、コースに追加受講料なしで参加することができたのです。シティ校に10週間通っていたとしたら、交通費だけで週＄90で＄90×10＝＄900もかかっていました。しかも、マンリー校の方がシティ校よりも受講料が少し安いため、＄115払い戻しがあり、一時帰国のための受講延長手数料の＄75を差し引いてもお釣りがきました。

　私が一時帰国をした2017年４月18日〜５月５日は航空券が最も安い時期のため、＄900くらいで往復できたので実質的な追加費用は０でした。この件でも本当に何かに見守られて、意識してそうしたわけでもないのに一番良い方向に導かれたかのような気がしました。このコースを受講

するにはIntermediate（中級者）からHigh intermediate（上級者）認定を受ける必要がありました。再びAssessment（アセスメント）を受けて、無事にKaplan（カプラン）で上級者認定を受けることができました。Kaplan（カプラン）の英語能力判定テストは他の語学スクールよりも難しいと聞いています。この時に感じたのは、かなり大変だと思っていたAssessment（アセスメント）が以前よりも楽に答えられるようになったということ。実は問題がやさしくなったのではなく、私の問題を解く能力が上がり、それによって問題がやさしく感じられたということでした。このAssessment（アセスメント）のテスト結果を一番先にケイトに伝え「貴方のレッスンを受講したお陰で私の英語の実力が上がった」と報告しました。一緒に喜んでくれたケイトは私に「すべて貴方の努力で得た結果である」と言ってくれました。

　本当に良い教師で大好きでしたが、ヨガのインストラクターでもある彼女は、責任の重いIELTS Course（アイルツコース）の講師を辞め、Part timer（パート）で英語教師ができる他のスクールに移り、好きなヨガを教えているようです。クラスでもIELTS（アイルツ）のテストのあとに私達を床の上に横にならせてヨガをしていました。テストで身体が緊張しているので、その緊張感がほぐれ、いつもリラックスすることができ、最高の気分転換になっていました。生徒達からも好評で、皆テストのあとのヨガを楽しみにしていたのです。

全員受験のケンブリッジコースで二度目のベストステューデント賞

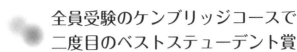

　IELTS（アイルツ）もそうでしたが、特にこのCambridge Exam Preparation Course（ケンブリッジ・イグザム・プリパレーションコース）は受講者全員がケンブリッジテストの受験をするのが前提なので、ついに私のクラスメイト達は全員が現役の大学生になってしまいました。私一人でクラスの平均年齢を上げていたのです。受験をしてもしなくてもよいIELTS Course（アイルツコース）と違い、皆それぞれ目的を持ってこのクラスを受講し、ケンブリッジテストを受験するため、IELTS（アイルツ）のクラスよりも真剣でした。IELTS（アイルツ）にはAcademic Test（アカデミックテスト＝学術テスト）とGeneral Test（ジェネラルテスト＝一般テスト）の両方がありましたが、Cambridge Course（ケンブリッジコース）はAcademic Test（アカデミックテスト）のみでした。実際の第1回目のリスニングテストではIELTS（アイルツ）に比べると問題が単純で分かりやすく感じられ、合格ラインまでUnder 6 points（6点下）でした。これなら3カ月もあれば、十分合格ラインに持って行くことができるだろうと、その時は思っていました。

　ところが二度目のテストでも三度目のテストでも、そのわずか6〜7点差を縮めることができなかったのです。朝誰よりも早くクラスに入り、宿題はすべて教師が指示した

日までに提出をし、誰よりも真剣に受講をした結果、クラスメイト達からのノミネートにより、このクラスで一番年配の私になんとBest Student（ベストステューデント）賞が授与されたのです。これには本当に驚きました。

　周りは私よりも遥かに若い子達ばかりで、教師でさえも皆私よりも年下です。毎月この賞の受賞式が金曜日の授業終了後にありましたが、若い生徒達が受ける賞で私には無縁なものだと思っていました。しかも、ほとんど話したことのなかったクラスメイト達からのノミネートで受賞とは信じられませんでした。実は同年の6月にもIELTS（アイルツ）のクラスで受賞をしましたが、その時は教師のケイトからの推薦でした。Cambridge Course（ケンブリッジコース）のクラスメイト達は、たとえ話さなくても私の受講態度を見て、正しく評価をしてくれたということが本当に嬉しく、それからは殻に閉じこもらずに自分から話しかけるようになりました。この二度目のBest Student（ベストステューデント）賞は、私にとって特別なものになりました。受賞後にクラスメイトの1人、ブラジル人留学生のメリッサが私に駆け寄り、"Congratulation Chiaki！ I need you."「おめでとうチアキ、私には貴方が必要です」と言って、私の受賞を喜んでくれました。Kaplan（カプラン）で二度もこの賞を受賞したのはカプランマンリー校の10年間の歴史で私だけのようです。

　ケンブリッジのリーディングテストには、一部IELTS（アイルツ）よりも厄介で難しい問題がありました。文章のTransformer（トランスフォーマー）で例文に合わせ

て同じ意味になるように文体を書き直すという問題です。しかも、提示された一文字を入れないといけません。その文字を入れるとどうしても文章がおかしくなりますが、答えを知るとああそういうことか〜と理解できます。しかし、その Transformer（トランスフォーマー）が何十パターンとあるのです。あるいは、一見簡単そうに見える文章中の正しい文字の選択も、その前後の文字から判断をするのですが、どれも同じような意味で、何百とある前置詞と単語の組み合わせと英語特有の言い回し Phrasal verb（フレーサルヴァーブ）とその類似した表現 Parallel Expression（パラレルイクスプレション）を知らないと解けません。長文の抜粋問題もどの文もその抜粋部分になりそうで厄介な問題でした。IELTS（アイルツ）と同じく、Cambridge

Cambridge course ケンブリッジコースの仲間達

（ケンブリッジ）でもリスニング、リーディング、ライティング、スピーキングのテストがあり、総合で60％以上の正解がないと合格できません。ライティングはIELTS（アイルツ）が250文字以上に対して、Cambridge（ケンブリッジ）は150〜190文字までなので、かえって書き過ぎてしまわない様にするのに気を使いました。スピーキングテストは、もともと得意なので、何も心配はありませんでした。ズバリ Academic（アカデミック）なリスニングとリーディングが私の最大のネックになっていました。

　5週目に入る頃にはかなり焦り始め、ついに8週目の Mock Test（模擬試験）。本番のテスト同様にスピーキングのみ別の日に先に済ませ、リーディング、リスニング、ライティングのすべてを同日に行うテスト日が来てしまいました。スピーキングテストでは一瞬聞き逃してしまい、聞き直すことができることを知らずに、勝手な判断で質問とは違う受け答えをしたために減点されましたが、それでも合格点には達していたようです。しかし、ライティングで時間がなくなり、結論が曖昧になってしまい、大きく減点され、リーディングとリスニングはいつもよりも点数を落としてしまいました。その結果、合格点を大幅に下回る点数で、これでは残り1カ月しかないのに話になりませんでした。

　皆と同じようなことをしていても合格はできないと判断した私は、教師のマットに「これからの1カ月は自宅かマンリーの図書館で自主学習をすることに決めました」と伝えました。クラスでのリーディングとリスニングテストの

日は、スクールに来てテストを受け、宿題もすべて今まで通り提出することを約束しました。その日からまるで狂ったように、朝から晩まで、このマンリーのリゾート地でどこにも行かずに、ただひたすらひとりでケンブリッジテストの勉強のみをしていました。テキストブックは2冊あり、一つは教師が授業で使う用のもの（回答が教師のテキストブックに掲載されている）、もう一つは私達の自主学習用のもの（回答がすべて後ろのページに掲載されている）です。

　私は最後の1カ月でその2冊のテキストブックを制覇し、授業用のテキストブックは教師から回答用のテキストを借りて、すべて答え合わせも済ませました。私の苦手なリスニングはマットがUSBに7回分のリスニングテストをコピーしてくれたので、それを2回、3回と聞き、聞き取りにくい部分は、何度もその箇所だけ聞き直しました。

　実は、私は5歳の時から右耳が難聴で左耳の7分の1程度の聴力しかなく、小学校の聴覚検査で医者から指摘をされていました。成人して耳鼻科で再び詳しく検査をした結果、幼児期に中耳炎を発症していた形跡があるにもかかわらず、それに気づかず、そのまま放置して固まってしまっている状態だと説明を受けました。本来なら、左右の聴力差がこんなにも大きい場合は、音を正しく認識できないらしいのですが、私の場合は幼い頃に発症をしたため、脳が右耳の聴力を補い、情報処理して正しく音を判断しているのではないかというのが医師の見解でした。医師の診断書があれば、リスニングテストも Special consideration（特

別待遇）が受けられると聞き、わざわざ日本から私の診断をした医師に依頼をして、診断書まで取り寄せて、提出しました。リーディングテストも時間を計り、苦手な箇所を特に丁寧に何度もやり直しをしたのです。

　このコースの終了日にはもう疲れ果てていました。皆、終了書をもらい、用意されたドリンクやリフレッシュメント（軽食）を食べながら、和気あいあいとクラスメイト達と雑談をしていたのですが、私だけは話す気力もなく、椅子も片付けられていたのでテーブルの上に座り込んでいました。その時のクラス全員が、他のクラスメイト達に対しそれぞれのコメントを書いた寄せ書きがあり、私に対しては、皆から「あまり勉強をし過ぎないように」とか、「余暇も楽しみましょう」とか、「貴方のようなハードワーカーは見たことがない」と驚きと感心と呆れが入り交じったコメントが書き込まれていました。今でも大切にその寄せ書きをベストステューデント賞と一緒にfiling（ファイリング）しています。

　この終了式よりも前にスピーキングテストがあり、20歳の男子ブラジル人留学生のビクターとペアで受けました。冒頭は個人的な質問をされ、「なぜオーストラリアで英語の勉強をしているのか」「一番最近の最も楽しいパーティーについて話してください」などの質問に答えていました。自分が聞かれたことだけに答えるのではなく、ペア相手に聞かれた質問とその答えた内容も覚えておかないと、突然「では、貴方の場合はどうですか」と質問を振られた時に困ります。次は、1枚の写真を見せられ、その写真の説明

をするというものです。

　これら一般的な質問が終わると、次にアカデミックな質問がされます。用紙に書かれた5問の出題内容を15秒ほどで読み、2人でその内容について3分間話し合い、最後にお互いの結論を出し合うというものでした。そして、最後に私達に用意された質問は、「一般の人達も科学の知識が必要だと思いますか？」という内容でした。ペアの彼の叔父さんが科学者であることをその面接で初めて知り、興味を持ち、その面接試験の中で私も彼に質問をしました。

　話し相手に興味を示すことは面接官に好感を持たれ、高得点を得ることができると教師から聞いていたからです。質問に対しての私の答えは、「年配の人達は科学の知識がなくてもその恩恵を受けるだけで十分だが、若い人達、特に未来を担う子供達は科学に対する知識や理解が必要だと思います。優秀な人材を育てるには長い年月を必要とし、若いうちから科学に興味を持つことにより将来優秀な科学者に成長する可能性があるからです」。そして、日本のiPS細胞を発見してノーベル賞を受賞した山中教授を紹介し、「この山中教授のiPS細胞の発見は、臓器移植医療の革命であり、現代医学の発展に大きく貢献していると思います」と述べました。

　面接終了後ペアのブラジル人留学生ビクターとハイタッチをするほどお互いに手ごたえを感じていました。面接試験を心配してマットが様子を聞いてきたので、"We made it our job！"「やるべきことはやりました」と答えていました。この男子留学生は、IELTS（アイルツ）のクラスで

いつも遅刻をして、教師達から注意を受けていた例のブラジル人留学生グストの友人で、頭は良いのですが授業態度が悪くて有名でした。しかし、彼も私の真剣な授業態度を認めていたのです。二度目のクラスのベストスチューデント賞のノミネートをする時、私に聞こえるように「チアキ以外にノミネートしたい奴がいないんだけどな〜」と言っていました。その時にはもうスクールに週2日しか来ていなかった私は、「私はもうベストスチューデントではないから」と返したら、彼は「図書館で勉強しているんだろう」と言うのです。教師以外に誰も私がスクールの外で何をしているのか知らないと思っていました。ところが自分のクラスメイトが何をしているのかみんな知っていて、自分なりに判断をしていたので

クラスメイトで
友人のベッティ
ーナ

す。このクラスが好きになっていき、その男子ブラジル人留学生はクラスの中で最も英語を上手に話すので、彼とペアになると分かった時は嬉しく思いました。しかし、スチューデントサービスのライフとマリアナは彼の受講態度を懸念していました。私以外全員が現役大学生のこのクラスでは友人を作ることは絶対に不可能だと思っていましたがなんと24歳のスイス人留学生のベッティーナと親しくなり私のアパートメントに遊びに来てくれランチやお茶もしました。創価学会のシドニー会館の会合にも来てくれたのです。スイスに来た時に連絡をくれれば会いに来るからと彼女の住所をもらいました。

受けられなかったケンブリッジテスト

こうして、上々の出来でスピーキングテストを終え、あとはリーディング、リスニング、ライティング、を半日がかりで受ける筆記テストを残すのみとなりました。

受験会場は前回のスピーキングテストと同じ、Kaplan International City（カプラン・インターナショナルシティ）校でした。スピーキングテストの時にパスポートを持参してコピーを取り、それぞれ個人のケンブリッジテスト登録用写真を撮っていたので既に登録は終わり、同じ受験会場だからパスポートを持参する必要はないと思い込んでいました。終了式にマットは、「次のテストでもパスポートを忘れないように！」と受験者の私達に注意をしていた

ようですが、完全にそれを聞き逃していました。それほど勉強で疲れ果ててしまっていたのです。しかも、前日にもマットはSNSのGroup WhatsApp（グループ・ワッツアップ）で私達にパスポートを持参するようにと書き込んでいたようですが、私はそれを確認していませんでした。

　そして、その受験当日に会場に着いてから他の生徒達が教師にパスポートを渡しているのを見て慌てましたが、既に"あとの祭り"でした。パスポートを持参していない者は受験ができないと言われたのです。スピーキングテストの結果も無効になると言われました。何とかならないかとシティ校のケンブリッジテスト担当教師に交渉を試みましたがどうすることもできず、これ以後のことは、Kaplan Manly（カプランマンリー）校に相談してほしいと言われました。なぜこんなことになってしまったのか、気持ちの整理が付かないまま、Kaplan Manly（カプランマンリー）校に着き、受付でStudent Services（スチューデント・サービス）のライフとStudent Accommodation（スチューデント・アカマデーション）担当のマリアナに事の顛末を報告しました。彼らも慌てていました。あってはならない事が起きていたからです。スクールのラウンジで落ち込む私を心配して、ライフは自分の仕事を置いて、9時半頃からお昼近くまで、私のそばで話し相手になってくれていました。

　校長が出産休暇のため、校長代理のスーザンがケンブリッジにe-mailで問い合わせをしてくれましたが、再度受験申し込みをしなければいけないという返事でした。しか

も、受験料の＄330の払い戻しもありませんでした。マリアナはホームステイの件では、まるで戦友のように一緒に戦ってくれ、すっかり意気投合をして、とても親しくなっていたので、私以上にショックを受けていた様子で黙り込んでいました。

のちに謝罪がありましたが、担当教師のマットだけは、「パスポート持参の件は5回もクラスで言っているはずだ」と自己防衛に走り、私への励ましや労りの言葉は一切ありませんでした。その日、他のクラスメイト達は受験終了後の打ち上げパーティーを企画していて、その会場に教師のマットも参加することになっていたようです。その日のGroup WhatsApp（グループ・ワッツアップ）はとても忙しくクラスメイト達が連絡のやり取りをしていたので、頻繁にメールの着信音が鳴っていました。もしかしたら、クラスメイトの誰かが私の様子を気づかってメールを送ってくれているかもしれないと思い、開いて中身を見てしまいました。誰ひとり私を気づかう人はおらず、それどころか担当教師のマットが先頭に立ち、そのパーティーを誘導して楽しんでいたことを知ってしまったのです。ベッティーナともう1人、クラスのコース後半で話すようになったカミルのみが、グループではなく個人のワッツアップで心配して連絡をしてくれました。パーティーへの誘いもありましたが、こちらはそんな気分ではありませんでした。その日の夜から「悔しい、悔しい」と言いながら、2晩泣き明かしていたのです。

　受験の翌日になって担当教師から連絡があり、ケンブリ

ッジテストの件で話をしたいと伝言をもらいましたが、会いたくないと断りました。Director（ディレクター）のリックも慌てて話し合いの場を持とうとしていました。リックとはディレクタールームで話し合いをして、私の思いを伝えました。「何事も迅速な対応が必要で、教師は生徒に寄り添い、何よりも生徒の心情にもっと敏感であるべきだと思う。私のような生徒を二度とこのカプランから出さないでほしい」と伝えました。リックからは「今回のこのケースを深刻に受け止めている」と言われました。マットがどうしても私と話をして謝罪をしたいと言っているとライフから伝言を受けたので、私のカプランマンリー校の卒業日の朝、受付で話し合いました。「クラスメイト達はこの3カ月間勉強を頑張ってきたからパーティーを楽しむ権利があるけど、私も貴方の生徒の一人で、誰よりも努力をしたにもかかわらず、他の生徒と一緒にテストを受けられなかったことに対してなぜ同情をしてくれないのか？ もし、私が貴方の立場なら自分の身を守るよりもまず先にその生徒に、『知らせを受けて大変残念に思っています。大丈夫ですか。落ち込んでいるのではないですか』と言っていた」と伝えました。深く反省をしてくれた様子で、この経験を今後のTeaching（ティーチング）に生かしていくことを約束してくれました。

　この私の辛い経験が無駄にならなかったのでそれはそれで良かったのだと思います。ただ、来年の2018年からInternational House（インターナショナルハウス）のTESOL Course（テーソルコース）のクラスを受講するに

は語学力の証明が必要でした。ケンブリッジに合格をすれば問題なく証明ができたのですが、それが不可能になってしまったのでどうしようかと考えていました。カプランから Certificate of Achievement（語学力の達成証明証）を受けていたので、それを添付ファイルとして入校申し込みをしてみました。その内容は授業態度 Excellent（最優秀）、Reading is Good（リーディング、良好）、Grammar + Vocab are good（文法と語彙、良好）、Writing is Good（ライティング、良好）、Listening is Good（リスニング、良好）、Speaking is Very good（スピーキング、優秀）でした。そして、後ろにカプランがその判定基準とする規定内容が記入されている証明証でした。このような成績を修めることができたのですが、目を酷使したために、代償として視力はかなり落ちてしまいました。カプラン・インターナショナルスクールで Aging、hearing、sight（年齢、聴力、視力）が他のクラスメイトよりも相当不利なため、

カプラン・インターナショナルスクールのスタッフ達と。左からマリアナ、エマ、私、ライフ

自分のことを三重苦のヘレンケラーと呼んでいたのです。静かな場所では音が聞き取れても、雑音のある場所では話し手の方に左耳を傾けなければ聞き取れず、また複数人でカフェやレストランのような場所で雑談をする時でも、聞き取ることが困難でした。一番困るのが右耳から囁かれる内緒話です。

　また、プリントの文字がメガネをかけていても時折小さ過ぎて読むことができず、受付のライフに頼み、いつも拡大コピーをしてもらっていました。しかし、IH からは無事に入校が認められたと返事がもらえたので、ホッとして年末二度目の一時帰国をしました。

地獄のサバイバルコース TESOL Ⅳ

　2018 年の年明けからすぐに IH に入学し、資格受講料の $3900 を支払い、8 週間のコースに参加をしました。

　この TESOL（テーソル）は、オーストラリアのみならず世界中で英語を母国語としない人に英語を教えることができる資格で、まさにこの資格を取得するために留学をして、親子以上に歳の離れたクラスメイト達と机を並べ勉強をしてきたのです。やっと本命のコースにたどり着くことができました。

　しかし、この TESOL（テーソル）がとんでもなく大変なコース課程でした。当初このクラスには日本人は私と同時期に入校をした2人だけだと思っていました。私を含め

7人もの日本人がクラスにいたのですが、名前を聞くまで日本人だと気がつかなかったのです。それほど、このコース課程では皆流暢に英語を話し、誰も母国語を使いません。しかも、発音も良いのです。日本人独特の強い日本語訛りで英語を話す人はほとんどいませんでした。皆、それぞれに英語を自国で教えていた経歴があり、学生でもアルバイトで塾の高校生に英語を教えていたらしいです。このクラスには1人 Native English（ネイティブ・イングリッシュ）の日本人がいました。両親が日本人で育ちがオーストラリアでしたが、今は北海道に住んでいると言っていました。もちろん、彼女も一切日本語を話しません。初日から過酷なスケジュールを課せられました。朝の8：15am からスタートをして、10：30am にやっと1回目の休憩がもらえましたが、わずか15分で終わり、それから12：45am の二度目の休憩も15分しかありませんでした。一体いつ昼休みがあるのだろうと思っていたら、あの15分の時間以内に軽い昼食をとらなければいけなかったようです。初日は昼食を取り損ねて、そのまま2時まで受講は続きました。

　初めての週からグループでのクラスメイト達への Peer Lesson（ピアレッスン）が課せられたので、1日5時間受講したあとも、IHに居残りグループでのレッスンの打ち合わせをして、Preparation Room（プリパレーションルーム＝準備室）でパソコンを使い、インターネットで資料を探しました。ケンブリッジ辞書で Analysis（アナリシス）と呼ばれていたその課題英単語の分析をして、CCQ

と呼ばれる質問形式で受講生達に Target language（目標とする表現）を理解させて行くという IH 独特の Teaching（ティーチング）方法で、Power point（パワーポイント）上でのテキストを仕上げていく作業が待っていました。

　初めの週は、そのコースを受講する誰もが同様に、何も分からないまま無我夢中でついて行くのに必死でした。いざ、Preparation Room（準備室）に入ると誰もが無口になり、何を聞いてもまともな回答が得られません。皆、自分のことで精一杯、他人(ひと)のことを構う余裕などないようでした。結局、初日から12時間以上も IH にいました。普通の語学スクールでしたら、80％以上の出席率で卒業できますが、このコースでは95％もの出席率を求められ、10時間以上の欠席で資格取得が無効になります。つまり、2日間休んだら資格を取得する権利を剥奪されてしまうのです。風邪もひくことができません。遅刻は15分以上で半日の欠席になります。

　このコースの3日目にはくたくたになり、目眩いをおこして自宅のソファーの上に倒れ込みそうになりました。でも、どんなことがあってもこのコースを無事に終え、絶対に資格を取るのだと自分に言い聞かせていました。

過酷なピアレッスン

　そして、IH 入校後初の Peer lesson（ピアレッスン）の日が来ました。毎週グループが再編成されるのですが、こ

の時のグループリーダーがピリピリした韓国人のリーダーでした。彼女は何も分からない私達に対して、ほとんど口も利こうとせず同国出身者の友人とばかり話すのです。しかも韓国語で打ち合わせをして、私には講師に提出をするレポートの作成が必要であることだけを教えてくれ、そのフォームを見せてくれました。パソコン上で作成しようとしても、どうしても上手く作成ができません。左に寄ってしまった図を中央に戻すことさえできなかったのです。あとで知りましたが、初日に教師が私達のUSBにそのフォームがあるファイルを入れてくれていたので、作成する必要などなかったのです。私はそれを知らなかったので5時間かけてそのレポート用紙のフォームを作成しました。前日になるまでそのPeer lesson（ピアレッスン）の全貌が、彼女達以外の私ともう一人の同じグループのコロンビア出身の男性には知らされませんでした。やっと完成したレポート用紙の授業目的の達成が間違っているとリーダーの彼女はその当日の朝にカンカンになり、私に「今すぐ直せ！」と怒鳴り散らしていました。さすがに私も腹が立ち、Preparation room（準備室）に行く途中の廊下で担当講師のクリストファーに会ったので、グループリーダーの悪質な態度を報告しました。名前を聞かれたので彼女の名前も伝えました。その後、他のグループのPeer lesson（ピアレッスン）を受ける時に隣の席になりましたが、やたらとニコニコしながら私に話しかけてくるので講師に何か言われたのだろうと思いました。

　このピアレッスンとは、クラスメイトを私達が教える生

徒に見立て、グループで課題のテキストをそれぞれ分担して Power point（パワーポイント）上の画面を使用して、実際のレッスンをするというものでした。他のクラスメイト達が厳しい目で、何か Teaching（ティーチング）理論で教えられた方法と違っていないか、分かりやすい内容か、文法や Target language（ターゲットラングエッジ）の分析は間違っていないか、生徒に配る Handout（プリント）に間違いはないか、効果的な内容か、それ以外にも笑顔で接していたか、声の音量や表現は適切であったか、発音がおかしくないか、Eye contact（アイコンタクト）や間合いや、プリントに答えを記入している間の生徒達との距離間は適切であったか、生徒からの Feedback（間違いを見つけて、即その場でレッスンに反映させること）はできていたか。Time & Class management（時間と授業がスムーズに運ぶこと）はできていたかなど数えきれないほどのチェック項目があり、それらをすべてホワイトボードにクラスメイト全員が書いていきます。もちろん良かった点も書くように指示されますが、Peer lesson（ピアレッスン）はいわば公開処刑の様相を呈していました。少々の Teaching（ティーチング）の経歴や自信など吹き飛んでしまうような勢いで、間違いや悪かった点を指摘されます。

　プライドも何もかもズタズタにされます。酷評されて涙ぐむ生徒もいました。Native English（ネイティブ・イングリッシュ）の日本人も、文法の間違いをこの Peer lesson（ピアレッスン）で、Non Native English（ネイティブイングリッシュではない）の生徒達から指摘されてい

ました。

　このクラスメイト達の評価を参考にして、その日の担当講師が私達の成績表に採点をしていくのです。私の番が来て、何も分からないなりにも何とか形になっていたようです。その日の担当講師のクリスティーから、「無事、サバイバルできましたね」と激励とも皮肉とも受け取れるようなコメントをもらいました。

　ある日、26歳の日本人で、日本の塾で高校生に英語を教えていたという受講生が最後のTP（実習）の終了後30分もの間、「この研修が辛かった〜、苦しかった〜」と泣きじゃくっていました。それほど毎回のPeer lesson（ピアレッスン）は真剣勝負でした。誰もがTeaching（ティーチング）に対して謙虚になり、指摘された間違いを反省し、次回はより良いレッスンをしようと心がけていました。

プロの速記能力が必要な Teaching method の受講

　このピアレッスンは週末の金曜日に指定され、月曜日はTeaching method（ティーチング・メソッド）と呼ばれる教え方の方法論の受講を受けていました。これも、ものすごいスピードで講師が喋りまくり、スライド画面もまだノートに写し終えていないのに、どんどんページが変わり、録音もスマホで写メを撮ることも許されませんでした。

　ただ、手書きでノートにメモを取るか頭で記憶するしかなかったのです。なぜ、写真を撮ってはいけないのか質問

をしましたが、納得のいく答えは得られませんでした。

その Teaching method（ティーチング・メソッド）のレポート提出が8週間コースの中で5回義務づけられていました。そのレポートが教師の教えたものと違う、あるいは内容が不十分だと判断されたら、再提出のスタンプが押されて戻ってきます。再提出は2回までで、教師が認める内容に達していないと、そのレポートの点数がもらえず、それも最終の成績表に反映されます。

そのレポート提出日は1週間後の月曜日の午前10時までと決められていました。その時間までに提出がされないと、そのレポートの確認が後回しにされます。再提出が必要かどうかを知るのが遅くなり、次のレポートの提出に追われながら、再提出用のレポートを書き直さなければならないという悪循環に陥ります。そして、毎晩のように夜10時近くまでIHで週末のピアレッスンの準備に没頭していました。火曜日にグループレッスンの課題が与えられ、水曜日に質問準備のできているグループから講師に質問ができ、前日の木曜日はレッスン内容が仕上がっていないといけないのですが、ほとんどのグループが講師からダメ出しをされ、大幅な変更を余儀なくされるので、結局、皆毎回前日の木曜日の夜遅くまでと、当日の朝早く、IHに来てピアレッスンの準備に追われていました。ピアレッスン当日のプリパレーションルームはまるで戦場のようで、パソコンとコピー機は受講生同士で奪い合いの状態でした。教師用と受講生用のコピー機が分かれているはずなのに、教師用が塞がっていると私達受講生用のコピー機も利用す

るIHの教師もいたため、待たされて、レッスンの時間に間に合わずに減点をされたこともありました。食べる時間も寝る時間も割いての作業は、他の受講生と違い、もう若くない私には本当に辛くて過酷でした。

ひどい中国人 Group leader の仕打ち

　2週目の Group leader（グループリーダー）は日系人のサギでした。彼女は日本人ということもあり、オーストラリア育ちのせいか、どこかのんびりしていて、当初はやりやすいと思っていました。彼女は私のスマホで IH のパソコンにアクセスする方法を教えてくれ、G-mail をパソコン上で確認でき、テキストの作成や講師達との連絡に大いに助かりました。しかし、講師へのレッスンの確認が遅れ、ギリギリまでピアレッスンの内容が決定せず、講師に提出するレポートがピアレッスンの前日の夜遅くにデータで私のスマホに送られてきましたが、私はまだそのパソコンのデータをプリントアウトする方法を知りませんでした。またしてもピアレッスンの提出レポートが未提出になり、今回は2週目だったため、減点対象になってしまいました。

　3週目のグループリーダーは、中国人なのに英語名を使うジェニィファーでした。彼女はレポートが再提出で戻ってきていたので、そのレポートの書き直しに追われていました。私のレポートは高得点で再提出の必要はないため、私のレポートをコピーさせてほしいと言ってきたのです。

彼女は私に対して不遜な態度を取るので、本当は見せたくはなかったのですが、私はまだパソコン上でテキストを作成するのに分からないことがあり、それができないと大変手間のかかる方法でテキストを作成しなくてはいけないので、そのパソコンのテクニックを教えてもらうことを条件に見せることにしました。でも、彼女は自分の提出課題を終えると、私にそのテクニックを教えずにさっさと5週目の実習生TP（初めの4週間はピアレッスンで、5週目からは私達のレッスンに受講参加料を支払って実際に受講する、本物の生徒達に教える実習）の説明会の部屋に行ってしまいました。しかも、助けてあげたのに、お礼も言わずに、私のレポート用紙を、もう用済みと言わんばかりに私のほうに放り投げて返して来たのです。何の感謝の言葉もありませんでした。中国人に対して嫌悪感を抱きそうになる事件でした。しかし、これはたまたまそういう中国人が私のグループのリーダーになっただけであろうと気を取り直して次のピアレッスンに挑みました。

　最後の週のピアレッスンのグループリーダーは同期にIHに入った春美ちゃんという若い子でした。グループリーダーに任命され、彼女は責任感からか私達の作成したテキストに自分が正しいと思う方向に変更を加えていました。彼女にe-mailで自分のテキストを送ると何度も変更された内容でグループのパワーポイントにテキストがUp date（アップデート）されていたのです。ピアレッスン当日に自分の作成したテキストに自身で訂正をしておいたのに、さらにそれが間違って訂正されていることを担当講師に説

明していた同じグループ内の受講生がいました。私は彼女には申し訳なかったのですが、講師に確認をした上で自分専用の USB に用意したテキストを、ピアレッスンで使いました。

TP（Teaching Practice 実習）のスタート

そして、いよいよ実習のレッスンが待っている 5 週目に突入しました。今までは、グループの 3 〜 4 人で 45 分間のレッスンを分担していたので、1 人の受け持ちレッスンが 15 分ほどで済みましたが、5 週目からは毎回のレッスンをすべて 1 人で準備をして講師以外誰にも相談をすることができません。しかも、そのレッスンが毎週 2 回ずつあるのです。ということは、一気に 6 倍の量の授業のテキストをたった 1 人で準備をしなくてはならないのです。今まででさえ、こんなに大変だったのに、これから本当にどうなるのだろうと皆同様に不安を抱いていました。

その頃、私が年齢のギャップもあってか、グループ内で上手くいっていないのではと講師達が心配をしてくれていたようです。担当講師の 1 人のクリスティーが講義終了後私に話があると言ってきました。女性講師なのでしっかりと私の話を聞いてくれるのかと思いきや話し始めてものの 5 分もたたないうちに、「それは貴方の方が悪い」と結論を出され、「これを読んで、サインをして今日中に提出をしなさい」と書類を出して一方的に言いたいことを言った

らさっさっと席を立って去って行きました。

不信感を抱かせた覚書へのサインの要求

　その書類がTESOL（テーソル）コースの講師達に不信感を抱くきっかけになりました。書類の内容は覚書のようなもので5つの基本的な基準を十分に満たしていないとTESOL IV（テーソル・フォー）の資格を授与できないと書かれていました。それは、1.講師から受けた注意に留意する。2.詳細で明瞭な授業企画。3.時間とペースの配分と授業目的の達成。4.様々で適切なテクニックを使い生徒達の理解度の確認。5.他の受講生に対して時間に正確で敬意を示す。すべて常識的で十分に理解をしていることなので、単なる確認事項だと思い、隅々まで読むこともなく、その書類にサインをして、その日のうちにクリスティーに渡しました。その書類を手渡した時に彼女がニヤリとしたように感じられました。数日後にその書類に書かれている内容をじっくり読み返してみると最後の一行に、「もし、上記規定の内容に達せず追加実習を必要とする場合は追加費用がかかる」と書かれていました。この書類にサインを迫られたのはクラスの受講生で私だけでした。後日、追加費用の項目で講師達に聞いても「それは、IHの受付で説明をしてくれるから」と誰も答えてはくれませんでした。

　次の日の朝、IHの受付に行き、追加費用のことを聞いたら、その件は事実であり、講師たちから基準を満たして

いないと判断されたら追加実習を受ける必要があり、それに伴い追加費用も必要になる、という回答でした。納得がいかず、「なぜ、他にも受講生が大勢いるのに、私だけ何の説明もなくこのような書類にサインを要求されなければならないのか。不公平ではないのか。まるで騙されてサインをさせられたように感じている。私は寝る時間も食べる時間も割いてTP（Teaching practice 実習）の準備をしているのに、あまりにも思いやりがなさすぎる」と思わず大きな声で怒鳴っていました。

　相当ストレスが溜まっていたのでしょう。それを奥の部屋で聞いていたDirector（ディレクター）のルイスが慌てて受付の方にきて「話は奥で聞いていたので、内容は理解しました。早速、その書類を渡した講師に事情を聞きます」と言われました。「そして、この覚書は基準を満たして合格点に達しないと資格をもらえない場合もあり得ると受講生に注意喚起を促すもので、即、追加実習を受けなければならないと言っている訳ではない」との説明でした。そして、「いつでも、何かあればe-mailで連絡をしてください」と言われ、彼の名刺を受け取りました。その日の午後TPが控えていたので、私はPreparation room（準備室）に行きレッスンの準備をしたのです。

　ルイスから次の日の朝e-mailが届き、クリスティーに「なぜ、詳しい説明をせずに書類をチアキに渡したのか」と問いただしたことを伝えてくれました。後日、また別の担当講師のトニーから、今度はきちんと説明を受け、全く同じ内容の書類にサインを迫られましたが、今回はAgent

(エージェント)に相談をしてからにしたいと保留にしました。エージェントとはトラトラの幡地さんです。

　早速、幡地さんと連絡をとり、今IHの講師達ともめていることを伝えました。彼は「その書類にサインをしてもしなくても、講師達の評価が変わる訳ではないと思うのでサインをする必要がない」と言いました。そして、エージェントからのアドバイスで書類にサインはしないとトニーに伝えたのです。彼は少し動揺している様子でした。大切な実習課程に入っているのに、講師達とは敵対するような関係になってしまいました。トニーは私の大切な初めてのTPの前日でTPQ（TPの実習生が課題のテキストについて自由に講師にQuestion質問ができる）の時間をたったの3分で切り上げてしまった講師です。他の生徒にはたっぷり20〜30分は質問に答え、積極的にアドバイスもしていました。彼は自分の好みで受講生に対する接し方が違っているようでした。明らかな差別待遇を受けていたのです。

　毎回の実習レッスンの課題は、TESOL IV（テーソル・フォー）担当の講師達が決めているので、私に対して不利な課題を与えられるのではと危ぶんでいました。だいたい基準を満たしているかどうかは個人の判断に左右されるので当然、講師のその受講生に対する思いの違いが反映されると思います。既にトニーもクリスティーも私に対してはその時点では良い印象は持っていなかったと思います。数点差での追加実習はあり得るかもしれないと、覚悟は既にしていました。ほとんど、講師達から何のサポートもなくTPは回数を重ねて行き、8週間で規定通りTPが基準を

満たしていると判断されるポイントが取れるかどうかはギリギリの段階でした。そんな時にまた事件が起きました。

 ## 不信感が決定的に

　4回目のレポートの再提出をトニーに渡したはずなのに、クリスティーからレポートに落第点が付いて戻って来たのです。しかも、再提出の中身は全く確認されていませんでした。再びこの件をディレクターのルイスにe-mailで伝え、トニーとクリスティーに質問をしてくれたようです。今度はトニーからきちんと中身を確認した上でどこを直さなければいけないのか教えてくれて要再々提出で戻ってきました。

　実習レッスン3週目、6回目のTPの担当講師は女性のクリスティーでした。レッスン終了後の他の受講生たちとの反省会で、いつものようにホワイトボードに他の受講生たちが私のレッスンで悪かった点、良かった点を書きだしたあとに、彼女からその日の私のTPを他の受講生たちの目の前で酷評されました。怒気も含んだ声で、「チアキの今日のレッスンは最悪で良い点など何もなかった」と言い放ったのです。講師なのに何の激励もありませんでした。

　これが自分の担当受講生に対して言うことかと信じられない気持ちでした。理由は前日に、「これは必要がないので削除をするように」と彼女から指摘されたテキストのPower point（パワーポイント）のページが省かれていな

かったことと、その日の課題レッスンの文法である関係代名詞を教えるページが効果的に作られていなかったためでした。しかも、彼女は私のTPの途中で、見る価値がないと言わんばかりに退席をして、最後までレッスンを見ていませんでした。

　この件もディレクターのルイスに伝えましたが、彼も本来講師は受講生の実習レッスンは隅々まで確認をして、正当にそのレッスンを評価しなくてはならないため、退席をすることは許されていないはずだと驚いていました。ルイスに、もう二度と彼女から私の実習の評価を受けたくないので、TPの担当講師からクリスティーを外してほしいと訴え、私の希望は受け入れられました。

最後の週のTPでレッスンに遅刻で6ポイントの減点

　しかし、あと残っている実習回数は最後の週だけで、その週は1回のレッスンで1時間半の実習になり2回分のレッスン評価になります。今まででも2回も一旦 To standard（合格点）の評価にマークをしておきながら、Not to standard（不合格）にわざわざ変更が加えられていました。しかも、私のレッスン課題は最も難しいリスニングとスピーキングでした。Intermediate（中級レベル）の生徒達はまだ自分の考えを自由に英語で話すことができません。リスニングもネイティブのスピードのオーディオでの聞き取りは大変なチャレンジでした。その上、レッス

ンの内容は、ある架空の国の予算をその国の発展のために、何に優先順位をおくべきかをディベート（討論）形式で話し合いをするというものでした。

　でも、やるしかありませんでした。今まで、IHのディレクターのルイスに送信をしたe-mailは同時にトラトラの幡地さんにも送り、彼からもIHにこちらから紹介をした受講生との間でトラブルが生じていることを確認しているとプレッシャーのe-mailを送ってもらいました。カプランのライフからはリトルビレッジの生徒達がお世話になった元Waratah Education（ワラタ・エドゥケーション）の日本人スタッフの杉山さんが、現在IHのStudent service（スチューデントサービス）をしていて、日本にいることを知らされたので、彼女にも連絡を取り、同じ内容のものを送っていました。彼女は私のリトルビレッジスクールのことをよく覚えていてくれ、すぐに懐かしそうに返信をくれましたが、「IHの講師が受講生に対して偏見を持つことや差別扱いをすることは今までもなく、今後も絶対にありません」という返信メールでした。彼女の立場ではそう言わなければならないのだろうと思いました。でも、「シドニーのIH校に連絡を取り、事実確認をします」との返答でした。

　当日の朝一番に来て、講師や生徒達、クラスに同席する受講生達へ渡す大量のプリントをIHのコピー機でコピーをしようとしたら、その日に限ってコピー機の調子が悪くなり、途中からプリントアウトができなくなってしまいました。コピー機の調子が悪い時は、階下の受付でStudent service（スチューデントサービス）のスタッフに来てもらい直してもらうのですが、その日は受付も忙しくなかなか準備室に来てくれませんでした。実習レッスンの時間が迫るなか、何度も受付とコピー機の部屋を往復してやっと直してもらいましたが、実習レッスンに遅刻をしてしまいました。私の実習レッスンが一番手でしたが、トニーから他の受講生の実習を先にしてもらうからと言われ、時間ができたと思い、今日の１時間半のレッスン内容を確認していました。その時トニーからはレッスンへの遅刻が大幅な減点対象になることを知らされていませんでした。前日にトニーから TPQ を受け Target language（ターゲット・ラングエッジ）も私の作成したテキストで OK が出ていたので、ある程度は上手くいくと思っていたのですが、その日の実習レッスンはリスニングもスピーキングも私の意図が生徒達に良く理解されませんでした。スピーキングでは、国の国家予算を会社の財政予算に置き換え、生徒達を社長や重役に見立てて、より身近な物にしてレッスンに工夫を加えましたが、それでも生徒達を上手く喋らせることができなかったのです。レッスンはそのクラスに参加をする生徒の語学力にも大きく左右されます。実際は十分に準備ができていたとしても、やってみないと分からないというところはあります。

　その最後の実習は Not to standard で不合格でした。TP の後の Feedback（反省会）で他の受講生からホワイトボードに Target language（ターゲット・ラングエッジ）のテキストの不備を指摘され、それに講師のトニーがダブル

チェック（他の受講生のFeedbackの内容が良いと講師がそれにチェックをする）を入れていたのです。自分でOKを出しておきながら、実際のレッスンで上手く機能しなかったら、受講生の意見で反対の立場を取るのです。何のためのTPQかと呆れました。その上、レッスンへの遅刻で6ポイントも減点をされていました。トニーに「私が悪いのではなく、コピー機の調子が悪くてStudent service（スチューデント・サービス）もなかなか準備室に来てくれなかったからだ」と訴えても、「本当のレッスンではどんな言い訳もできない」と聞き入れてはもらえませんでした。結局、総合点でTESOL IV（テーソル・フォー）への合格点に11ポイントマイナスで追加実習を受けなければいけなくなりました。

　無責任で思いやりもない不公平講師のトニーから追加実習を受け、本当に合格点がもらえるのだろうかと不信感と不安で心が一杯になり、そのストレスから一時はこれだけ苦労したにもかかわらず、もうどうでもいいという気持ちにさえなりました。でも、オーストラリアの古くからの友人の助言もあり、もう一度ルイスと話をしてから追加実習を受けるかどうか決めようと思い直したのです。

追加実習の第9週目

　彼と最後の第8週目の実習後に話し合いをして納得ができ、追加費用の＄350の支払いをして追加実習を受けるこ

とにしました。もし、IH にルイスがいなければ、おそらく追加実習は受けていなかったと思います。彼は「あなたの様にしっかりとした Teaching skill（ティーチングスキル）も経歴もある人はその経験が邪魔になり素直に人の言うことを聞けなくなるのでかえって危険である」と忠告をしてくれました。「TESOL（テーソル）にも TESOL（テーソル）が定める英語教師の基準があり、それから外れている者に TESOL（テーソル）の資格を与えることはできない」と説明をしてくれたのです。この本来のコース終了の第 8 週目の TP（実習）の件も日本人スタッフの杉山さんに e-mail で知らせました。「追加実習でも 1 〜 2 点差で再び不合格判定の場合は訴訟も考慮に入れています」と伝えたら、慌てたようで、「9 週目の私の追加実習には、シドニー IH の校長が見学で参加をするのでよろしくお願いします」と返信が来ました。この追加実習は 1 時間半のレッスンと通常の 45 分レッスンを同じ週に取るというハードスケジュールになっていました。つまり、3 回分の TP をさせて 3 回分のレッスン評価を受けることになっていたのです。

　トニーからの説明では、今まで Not to standard（不合格）と評価されたレッスンを抜粋して、前回よりも良い評価を受けて前回との点差が追加得点になるとの説明でした。そして、クリスティーから酷評された 6 回目の TP の文法と最も難しい 7 回目 8 回目のリスニングとスピーキングがその週の課題でした。TP はなぜか倍の点数で計算されるので、Under 11 Points（アンダー 11 ポイント）は 6 点追

加でTESOL IV（テーソル・フォー）の合格点になります。

　レッスン課題の内容は当然変わります。1週間の休暇を取り、月曜日にトニーのTPQを受けたのですが、今回の私のTPにIHの校長が参加をすると知ってか、いつにも増して丁寧にアドバイスをしてくれたのです。

　そして、運命の9週目の最初のレッスンに挑みました。今回は講師のトニーとしっかりレッスンの打ち合わせができていたこともあり、生徒達に十分にTarget language（ターゲット・ラングエッジ）も理解してもらえ、様々なTeaching technique（ティーチングテクニック）、CCQ（Comprehension Checking Question＝理解できているかを試す質問）を使用することができました。レッスンも生徒達に楽しんでもらえたようでした。内容が良く理解できると、どんなレッスンも楽しくなるものです。TP終了後、トニーから親指を立ててGood！（いいね！）のサインをもらえ、生徒達からは拍手が起きました。そして、評価は今までの最高でAbove standard（上級合格）でした。

　このレッスンで追加の3点が取れ、あとは2回分のTPで3点が取れれば、TESOL（テーソル）の合格点に到達します。IHの校長はなんとまだ30代前半くらいの若い日本人男性の久竜という人でした。2011年にIHで教師として採用され、2015年に校長に就任したそうです。

　この実習のあと、別室で話をしましたが、当然会話はすべて英語でした。彼は私の今までの「Career（キャリア）やTeaching skill（ティーチングスキル）は認め、尊重します」と言い、「しかしながら、TESOL（テーソル）には

定められた基準があり、それをクリアーできなければ資格は与えられない」と数日前にルイスに言われたことを話していました。

そして、IHの教師が、私に対して不当な扱いをしていることについても話が及びましたが、「そのようなことをする教師はIHにはおらず、受講生は全員平等な扱いを受けている」とのことでした。しかし、最後にこうも付け加えました。"I'm taking seriously in this case."「今回の件を深刻に受け止めています」どこかで聞いたようなフレーズだと思いました。

最後のTP実習で前々日に内容変更

この最後になったTPの実習課題も問題がありました。リスニングとスピーキングの順番が逆のテキストが選ばれ、タイトルがA ghost story（幽霊屋敷）でしたが、生徒達にまだ内容が分からない段階のPicture（イラスト）のみでストーリーを想像してスピーキングをさせます。

次にオーディオでリスニングして、実際のストーリーとどれだけ違っていたかを話し合うという内容でしたが、トニーにそのことを伝えたら、彼はその事実に気が付かずにテキストを選んでいたようでした。このテキストの順番でレッスン準備を進めていたので、この通りにしたいと言いましたが、当日担当講師のクリストファーは決まった順番でレッスンをしないと全く点数を付けないだろうと言うの

です。

　トニーから決められた通りの順番に変更するように言われました。その日は既に実習の前々日でした。「なぜ、わざわざテキストの内容を変更しなければならないような課題を選び、私にやらせるのか。こういうことが、不当な扱いを受けていると言っているのです」と、日本人スタッフの杉山さんにこの件についても e-mail で知らせました。

　しかし、もうやるしかありませんでした。その日の夜遅く、どうすればリスニングとスピーキングを逆にしても矛盾のない内容に変えられるのか考えました。そして、良い案が浮かびました。内容は A ghost story（幽霊屋敷）ですが、その話をオーディオで聞いたあとに、同じ Target language（ターゲット・ラングエッジ）を使い、全く違う Happy story（ハッピーエンド・ストーリー）に変えることを思い付きました。そして、生徒達が即興で作成したオリジナルストーリーを話してもらうのです。その案は面白いとトニーからも賛成され、早速、例文として私のオリジナルストーリーを考えました。例文があれば、生徒達がそれを参考にしてストーリーを作成できるからです。

　元のストーリーは、「若い夫婦が霧の中で道に迷い、たどり着いた家に一晩お世話になり、食事もご馳走になった。お礼にお金を入れた封筒をテーブルの上に置いて、帰り道にレストランで朝食を取り、そのレストランのオーナーに昨夜泊まった家の老夫婦の話をしたらとても驚き、その家は、先月、火事でその老夫婦もその時に亡くなっていると話した。信じられなくて、再びその家に戻ったところ家は

焼けて廃虚のようになっていた。そして、昨夜テーブルの上に置いてきた封筒が焦げた状態で見つかった」というものでした。これを、私は「若いカップルが霧の中のドライブを楽しんでいた。彼女はそれをロマンチックな夜だと思っていた。先月、津波でダメージを受けた祖父の家を訪ね、レストランを経営する友人から預かったお見舞金を渡した。その友人は20年前に彼が火事で両親を亡くした時に、その祖父から大変お世話になり、その時にお礼の手紙をテーブルの上に置いてきた。その手紙を未だに持っていることに驚いた。その夜、友人も招待を受け、皆でディナーを楽しみ、若い男性は突然、指輪を渡して彼女にプロポーズをした」というストーリーに変えました。このストーリーを考えるのに結構時間がかかり、本番のレッスンで本当に生徒達がオリジナルストーリーを作れるのか不安でしたが、他の案がないのでこれで行くしかありませんでした。少しでも生徒達がレッスンに興味を持ってもらえるように自由に順番が変えられるように、1コマずつそれぞれの絵の場面をはさみで切り取り、3つの封筒にそれぞれ全場面の絵を入れました。クリスティーでもトニーでもなく、一番信頼が置けるクリストファーが、私の最後のTPの講師に選ばれて喜んでいました。

彼は、例の中国人受講生のジェニィファーが約束を破棄して教えてくれなかったパワーポイント上でのパソコンのテクニックを私に教えてくれた講師です。これは、生徒が回答を述べたあとに、一つずつスクリーン上のテキストに答えを映し出す手法で、これができないと、パソコンを利

用しているのにホワイトボードを使ってレッスンをしているのと変わらなくなってしまいます。

　他にもリスニングレッスンに使うテキストのデータのオーディオをコピーして添付する方法や、さらにそのオーディオを編集して必要な箇所だけ切り取り、パワーポイントのテキストに載せるという高度なテクニックは、自宅から1分で行けるマンリー図書館のスタッフに無料で教えてもらいました。図書館のスタッフから、「貴方の学校の先生は教えてはくれないの？　普通受講課程で必要なパソコンのテクニックはその学校の教師が教えるべきです」と驚かれました。これができない受講生は、全オーディオの必要な箇所の時間をメモし、レッスン中に早送りをして、その時間でオーディオを流し、その箇所が終わる時間でオーディオをオフにしなければなりません。あれほど苦労をしたパワーポイントでのテキスト作成でしたが、この時点で他の若い受講生と変わらないパソコンテクニックを身に付けていました。これもあとで知りましたが、実はクリストファーはIHのなかで一番シビア（厳しい）な判定をする講師でした。

　リスニングは、以前トニーからTPQで、「生徒達に2回オーディオを聞かせたら、三度目のリスニングは生徒達にもう一度聞く必要があるかどうかを確認して、もし生徒達がもう一度聞きたいと言ったらオーディオを流しなさい」と言われたことが頭にこびり付いていて、生徒達が三度目のリスニングを拒んだので、そのままHandout（プリント）を渡して質問の回答を記入してもらいました。し

かし、これがいけなかったようです。

　クリストファーから、「なぜあの時に三度目のリスニングをしなかったのか」と聞かれました。
「リスニングレッスンは、必ず3回はオーディオを流して記憶で回答をさせてはいけない」ということでした。「もう一度リスニングをしていれば判定はAbove standard（上級合格）であった」というのです。スピーキングは3人の生徒達の2人までが、頑張って即興ストーリーを作り話してくれましたが、前回の判定を覆すことはできませんでした。Target language（ターゲット・ラングエッジ）を有効に利用できていないというのが理由でした。結局、リスニングで追加点が2点、スピーキングが追加点0で、TESOL IV（テーソル・フォー）合格まで、あと0.5点差の結果でした。クリストファーは校長と話し合いをしたようで、しばらくしてから実習室に戻ってきて、「チアキ、おめでとう、校長と話し合いをした結果TESOL IV（テーソル・フォー）の資格が授与できることになったよ」と嬉しそうに私に知らせてくれました。そして、週が明けて次の月曜日に念願の英語教師の資格TESOL IV（テーソル・フォー）を受け取りました。

留学で出会った50歳の　オーストラリア人ボーイフレンド

　この資格授与をとても喜んでくれたオーストラリア人の男性がいました。彼は2018年3月時点で50歳で、私のア

パートメントのBuilding Manager（ビルディングマネージャー）のRobert（ロバート）です。若い時にオーストラリア人の妻と離婚をして、それ以後は再婚をせずに愛犬のRoxi（ロキシー）と2人暮らしをしているそうです。

各部屋に火災警報器が取り付けられているのですが、2017年の10月頃からよく警報器が鳴るようになっていました。警報器が敏感に反応して、部屋で煙草を吸ったり、レンジフードを回さずに調理をしたりすると、すぐにビル中に警報器が鳴り響き、住人達は夜中でも全員外へ避難をし、その度に毎回消防車が駆けつけます。

彼とは2018年の年明けから親しくなり始め、連絡を取り合うようになったのは、その前年の暮れに日本から戻って来た時、週に二度も誤報で私の部屋から警報が鳴り、二度目はなんと深夜の1時半でした。原因は私が深夜にシャワーを浴びてドライヤーで髪を乾かしていたのですが、バスルームの中が蒸し暑かったので、ドアを開けてエアコンの風を中に入れながら乾かし

RobertからのTESOL IVのお祝いLunchの時

ていたら、突然警報器が鳴りだしたのです。消防士達やロバートも深夜に私の部屋まで駆けつけて、バスルームの中を確認されました。その時は本当に申し訳なく恥ずかしくて、どんなことに注意をすればいいのか、あとでロバートに相談をしていました。

彼はバスルームのすぐ前にある警報器にカバーを取り付けてくれ、「これでバスルームからの湯気で警報器が鳴ることはなくなる」と言いました。私からお茶に誘い、彼からもモーニング珈琲やランチに頻繁に誘われるようになり、お互いの部屋にも行き来するようになりました。

私のTESOL Ⅳ（テーソル・フォー）の取得を大変喜んでくれ、そのお祝いにヨットクラブ会員制のレストラン・スキップクラブでお祝いのランチをご馳走してくれました。そして、2019年12月のクリスマス前にManlyのApartmentに戻り、再会を約束しています。

お世話になった
マンリー図書館に恩返しを……

こうして、晴れて、このオーストラリア国内で英語を教えられる資格を得られたのですから、当然その資格を使い英語を教えたいと思いました。お世話になったマンリー図書館に恩返しをしたいという思いもあり、マンリー図書館に行き、事情を話して、1階にある多目的ホールを利用して図書館を訪れた人に無料レッスンをしたいと申し出ました。喜ばれるはずと思っていたのですが、そう簡単なこと

ではないようで、まずManly Consul（マンリー市役所）に行き、使用許可を取らなければならないと言われ、マンリー市役所に行き、また同じことを話しました。歓迎はされたのですが、たとえボランティアのレッスンでも、ホールの使用料50分で＄35が必要でした。それはさすがに受け入れられず断念をしたのですが、どうしても図書館での無料レッスンが諦められず、マンリー図書館のチームリーダーのテオに相談をしました。すると、ホールは市役所のProperty（プロパティ）だから許可を出せないけれど、図書館内ならどの部屋を利用してレッスンをしても構わないと言われました。しかし、レッスンに必要な三種の神器ホワイトボード、プロジェクター、そのプロジェクターに繋ぐ専用のコンピューターがありません。その他にもホワイトボードのマーカーやマーカー消しも必要ですが、何もありませんでした。

　そして、生徒は自分で探してそこに連れて来なくてはいけません。図書館での無料レッスンは、ほとんど不可能なことだと思いました。マンリー図書館に紹介を受けて次に向かったのはManly Community Center（マンリー・コミュニティセンター）でした。そこのボランティア活動で英語を教えている担当者を紹介されて会いました。クラスはあるのですが、生徒達は皆Private lesson（プライベートレッスン）の受講を希望していて、Group lesson（グループレッスン）は募集をして人数が集まれば開催をするとの返事でした。英語教師の資格保持者がボランティアで英語を教えるのだから、すぐに教えることが可能だと思ってい

たのですが、意外にも苦戦しました。そこの担当者からSt Matthews Church（セントマフュー・チャーチ）にはもう行きましたかと聞かれました。欧米のほとんどの教会では、布教の一環としてボランティアで無料英会話レッスンを定期的に開催しています。Manly Consul（マンリー市役所）でも勧められたのですが、カソリックの教会ということもあり、躊躇してまだあたっていませんでした。

カソリックの教会でボランティアの英会話レッスン

私はBuddhist（ブディスト）仏教徒であり、抵抗がありましたが、もうそこしか無料レッスンで英語を教えられる場所がないので、思いきってあたってみました。

教会の中にいた中年の白人の男性に、「私は今年の3月にTESOL IV（テーソル・フォー）という英語教師の資格を取得して、ボランティアで英語を教えられる所を探しています」と伝えたら、歓迎をされ、隣接する建物にいるグレイシャスという女性を訪ねるように言われました。

その日、彼女は休暇を取っていたので、次の月曜日の朝9時半に再びここに来るようにと、別の教会の女性スタッフに言われました。月曜日に期待をしながらグレイシャスを訪ね、その教会に行きました。グレイシャスは年齢が70歳前後くらいの女性で、私を歓迎してくれました。彼女は膝の手術で再来週から2週間お休みをしなければならないために、丁度誰か代理教師を探していたところでした。

オフィスの他のスタッフ達を紹介され、生徒に渡すプリントのコピーを誰にお願いすれば良いのかまで教えてくれました。そして、クラスルームには私がレッスンで必要な物がすべて揃っていたのです。彼女に私のレッスン内容を伝えた方が良いと思い、TESOL（テーソル）式のパワーポイントのテキストと生徒に渡すHandout（プリント）と細かいレッスンプランの内容を彼女のパソコンに送りました。

　次の月曜日に教会で再会した時には、私のレッスン方法の打ち合わせができると思っていたのですが、彼女は私に教会のクラスを任せることを渋っていました。私が作成をしたテキストに文法の間違いがあると言うのです。

　しかし、彼女の方が間違っていたのです。Kaplan（カプラン）の教師にも念のために確認をしましたが、私のテキストに間違いはありませんでした。その課題レッスンのタイトル"What jobs did she use to do?"「彼女はどんな仕事をしていましたか？」のuseがusedでなければいけないと言うのですが、それは彼女の完全な勘違いでした。疑問文でなければusedにしなければならないのですが、didという過去形の助動詞があるため、usedでは文体がおかしくなるのです。

　その場で彼女の勘違いに気づいて、すぐに文法の説明をしたのですが聞き入れてはくれませんでした。そうかもしれないが確かめてみる必要があると言われたのです。おそらく私の作成したテキストがしっかり作られ過ぎているので、教会の教え方に合わないと思われたのでしょう。

彼女の休暇の代理教師も他のオーストラリア人教師が確保できたようで、私の出番はなくなりました。グレイシャスから私に合うクラスとして紹介されたのが Advance Class（上級者クラス）で、ティモという Non native（ノンネイティブ）の教師が担当のクラスでした。私は教師の助手の様な形でクラス参加をすることになりました。ただのクラス参加の生徒なら、レッスン後のバイブルスタディに参加をしなくても良いのですが、一応教える側なのでバイブルスタディ参加は義務のようでした。

　初めはとても気が重かったのですが、映画や絵画の世界でも有名なシーンのモーゼの十戒やノアの方舟、イエスの弟子が彼のことを知らないと夜が明ける前に3回否定したこと、私はおとぎ話の世界として認識をしていた、人間はアダムとイブから始まったという逸話を、キリスト教徒の人達が本当に信じていることなどを知り、キリスト教を知る良い機会になりました。

　私の信仰する現代科学にも矛盾しない法理を解き、難しい実社会を生き抜く知恵を与えてくれる仏法とはかなり隔たりがありますが、キリスト教徒の純粋さや優しさは尊敬に値します。それに、いつも私を歓迎してくれる教会の人達を好きになり、私は教会に行くことが楽しくなりました。

　実際教室には教会を連想させる物は何もなく、普通のクラスルームでした。月曜日の通常のクラスではカリキュラムに沿ってレッスンが行われ、木曜の夜のクラスは Free talk（フリートーク）主体で、あまりきちんとクラスのレベル分けはされていないようでした。月曜日のレッスンは

9：30amから始まり10：30amにティータイムの時間があり、珈琲や紅茶、クッキーやケーキなどが用意されていて、教会のレッスンに参加している生徒達は自由にそれを食べる事ができます。私も毎回ありがたく頂いていました。そして、11：30am～12：00amのお昼までバイブルスタディがあり、プロジェクターを使いその日の担当者が講義をします。このバイブルスタディも教室を利用するので教会にいるという感覚はありません。夜のレッスンの時は5：30pmからのスタートで、初めにお茶やクッキーが用意されていて、参加者は自由に自分でお茶を入れ、クッキーを食べながらレッスンに参加ができます。しばらくは、ティモのクラスに参加していましたが、「せっかく多くの違うクラスレベルがあるから全クラスに参加してみたらどうですか」と、バイブルスタディで日本語のバイブルを読むグループの美紀さんが勧めてくれ、Beginner（ビギナー）、Elementary（エレメンタリー）、Low intermediate（ロー・インターメディエット）、High intermediate（ハイ・インターメディエット）、Advance（アドヴァンス）と5段階のクラスレベルを見学させていただくことになりました。

日本に一時帰国して書籍のプロモーション活動を決意

　この教会でのボランティア活動と、その他の曜日は参加費＄89を支払い、3カ月間Kaplan（カプラン）のK+tool

というネット利用だけの生徒になり、そのK+toolを利用してHigh intermediate（ハイ・インターメディエット）、Advance（アドヴァンス）、IELTS（アイルツ）のすべてのテストを受けました。先月TESOL IV（テーソル・フォー）を取得してホッとして、これからは自分のペースでやりたいことをしながら、このマンリーでオーストラリアンライフを楽しもうとしていた矢先に、私の書籍を販売する出版社から出版の契約延長をどうするのかと問い合わせがe-mailで私のスマホに届きました。2018年4月5日の時点で、初回1000冊の発行部数のうち、私が直接家族や友人やリトルビレッジの生徒達や保護者に手売りをした100冊と取次見本用30冊、全国の書店店頭やAmazon（アマゾン）などのネットで販売をされた分を差し引いて750冊の在庫があり、この在庫をそのままその出版社で維持をして、いつでも注文があれば各書店に出荷できるように書籍の保管をするとなると、1年間の出版延長契約をしなければならず、その費用が5000円＋書籍代金×0.1×在庫数がかかり、売れた書籍の印税（売り上げ部数×書籍代×20％）5万1000円程度で相殺しても、かなりの追加料金が必要でした。

　その上、正誤表に「2018年、TESOL IV（世界で認められた英語を母国語としない人向けの英語教授法の資格）をオーストラリアで取得」と印字したものを新たに作成して全在庫本に挟み込む手数料も必要でした。出版社から「とにかく在庫数を減らすことを考えてください」と言われ、250冊を自宅に配送してもらい、オーストラリアから

一時帰国をして名古屋市内の書店で自ら手売りすることを思いつきました。これで、出版社の在庫数は 500 冊に減りましたが、それでも正誤表の作成、挟み込み手数料、500 冊分の 1 年間出版延長契約料で 10 万円弱の費用がかかりました。自宅への 250 冊の書籍の郵送代は 5000 円ほどでした。

　名古屋市内の各書店を回るには、どうすれば一番スムーズに行くのか考えた結果、ネットで名古屋市内の大型書店の連絡先をすべて調べ上げ、リストアップしてこのオーストラリアから書籍のプロモーション用の手紙を郵送することを思いつきました。書店だけではなく各有名私立小学校、名古屋市立小学校にも同じ内容の手紙を送りました。その内容がこちらです。

＊　　　　＊　　　　＊

各書店
書籍販売担当者様

　私は、2016 年 10 月に『Phonics 英会話教育法』という本を自費出版をして、現在も出版継続中です。2016 年の 11 月まで名古屋市内で、子供英会話スクール Little Village を経営し、22 年間で 700 名以上の生徒がこのスクールで英語を学び大きな成果をあげることができました。Curriculum や Material は、すべて Little Village の Original の物を使用し、教師は全員 Native English を採用していました。

この書籍の趣旨は、初等教育の小学校6年間で、どのように指導をすれば日本の子供達に英会話をマスターさせることができるかという内容です。語学習得に絶対に必要なPhonicsを中心にした発音指導（36 Original storyのCD付き）、日常英会話で必要な基礎文法、そしてその応用と活用Little Villageの独特な指導法を具体的に提示し、しかもそれらをすべて矛盾なく子供達が楽しみながら学べる方法です。Little Villageを卒業した元生徒達の語学力を活かした実社会での活躍振りも紹介しています。

　私はこのスクールを開校する前は企業のアパレルデザイナーというユニークな経歴を持ち、スクール閉校後はオーストラリアのSydneyに滞在し、次回作の執筆活動をしています。どうしても必要だと思い、2018年3月にオーストラリアでTESOL IV（世界中で認められた英語を母国語としない人向けの英語教授法）の資格を取得しました。

　是非、貴店で私の書籍の委託販売をお願いできればと思い、ペンを取りました。店頭での手売り販売もできます。

　2018年7月1日から28日までの4週間、日本に一時帰国します。直接、書店にお伺いすることができます。ご質問、ご返答はe-mailでも構いません。

追伸
私の書籍『Phonics英会話教育法』、子供英会話スクールリトルビレッジは、Web siteでご確認頂けます。
http://www7b.biglobe.ne.jp/~littlevillage/
　　　　『Phonics英会話教育法』　著者　伊藤千明

　　　　　＊　　　　＊　　　　＊

　その結果、名古屋の超大型書店Ｍ名古屋本店から、
「伊藤様の送って頂いたお手紙を拝見させて頂きました。委託販売をご依頼されていた［Phonics 英会話教育法］ですが、当店では2016年の発売時より現在まで当店にて販売させていただいております。これからも引き続き店頭販売を続けて行きます。お問い合わせくださいましてありがとうございました」と丁寧な返信メールを頂き、一流書店はさすが対応が違うと感銘を受けました。

　でも、本当にその一店舗のみで、あとの書店からは一切連絡はもらえませんでした。とにかく、日本に一時帰国し手紙を郵送した書店全店舗を回ろうと決意しました。

24日間期間限定の プロモーション活動に成功！

　期間は7月1日〜28日までで1カ月もありません。1日も無駄にできないと、帰国した次の日から行動を開始する予定でした。初めはリストアップをした大型書店に次々と電話をかけるつもりでしたが、相手側の立場に立って考えたらもし、その時間が忙しい時間帯であったら、ほとんど話を聞いてもらえず電話口で簡単に断られてしまうだろうと思いました。

　どうすれば、こちらの誠意と熱意が伝わるのか深く考えていたら初めの2日間が過ぎていました。そして、思いき

ってアポ無し訪問をすることに決めたのです。某外資系のB社で鍛えられた営業テクニックと持ち前の度胸で切り出し、トークは毎回同じにしました。シンプルで単刀直入、最も短い会話で来店の目的を伝えられるようにしました。

本人「こちらのお店の店長さんはいらっしゃいますか？」
書店店員「どのようなご用件でしょうか？」
本人「今、こちらの書籍のプロモーション活動で各大型書店を回らせて頂いております。オーストラリアからこのような内容の手紙を郵便でこちらの書店に送らせて頂いていますが、ご存じでしょうか？」
書店店員「分かりました。店長をお呼びしますので、しばらくお待ちください」

　店長不在の場合は、いつなら会えるのか、その店員に聞いて、もし、それが２～３時間後であるなら、他店舗を回り、また再びその書店に戻りました。でもたいていは別の日で曜日、時間を指定されるので、その指定された日時に、またその書店に行きました。なかなか店長に会えず、二度、三度と訪問をした書店もありました。やっと会えたとしても各書店の店長は皆忙しく、３分で説明を終えないとそれ以上はゆっくりと話を聞いてはもらえませんでした。私の書籍の良さを３分間の説明で分かってもらわなければいけませんでした。３分以上聞いてもらえれば５分間まで聞いてもらえます。初めの３分で挨拶から書籍のアピールと、あとの２分で発注依頼をお願いして、どのお店でもその書

店に入店してから店を出るまでの時間は15分ほどでした。

　極力、忙しい書店店員や店長の時間を奪わないように気を配りました。こうして37店舗で52回の書店訪問を、24日間で敢行して、18店舗に私の『Phonics英会話教育法』を発注してもらえました。そのうちの一店舗『Books E店』では、偶然にもたまたま、その書店を訪問していた会社の取締役商品部長にお会いすることができ、私の書籍の説明をしたところ、「そんなに良い本なら我が社の全店舗で販売することも考慮するので、担当者に会って話をしてください。バイヤーに貴方のことを紹介しておきます」と言われたのです。またしても天が味方をしてくれていると感じました。

　早速、紹介を受けたバイヤーさんの商品部長と連絡を取り、指定された日時にその会社を訪問しました。その会社の立派な自社ビルの商談ルームでその商品部長と初めて面会をしましたが、初めは「私は直接伊藤先生からお話を伺い、この書籍の良さは理解できましたが、各書店の店長がどのような反応をするか測りかねています」と切り出されました。これはいけないと思い、実際今までに全国の書店で250冊販売をされている事実、あの大型書店のM名古屋本店では私の書籍は、「2016年10月の発売以来、継続的に店頭販売がされていて今後も販売をしていく予定です」と連絡を受けている事実などを伝え、いかに私心なくこのプロモーション活動をしているのか、本当に日本の子供達の英語教育を変えなくてはいけないと思っていることなどを訴えたところ、私の熱意が通じたようで、その会社

の全36店舗中、25店舗の書店で82冊も発注してもらえました。これで合計42店舗、書籍の総発注数は176冊になりました。当初はお店にマージンを支払い、店頭で手売り販売をしようと考えていましたが、書籍の持ち込み販売はいろいろと難しい問題があり、できないことが分かりました。ちくさＳ書店の店長は一般に流通している書籍ならトーハンを通して注文ができるから、その書籍の注文書を出版社からもらうようにと教えてくれました。

早速出版社に問い合わせをしたら、以前全国の書店へのFax広告用に作成をした注文書があり、それを書店回りの3日目からは持ち歩いてプロモーション活動をしていました。また、Ｋ書店の店長からはお店を訪れたお客様にアピールできるようにポップな書籍広告を作った方が良いとアドバイスを受けて、店頭に置いていただく書籍の看板広告も作成しました。QRコードを無料で作成できるサイトまで教えてくれたのです。この２つを武器に、次々と書店を回り、私の熱意は各書店の店長に伝わったようです。

わずか24日間、期間限定のプロモーション活動は成功しました。

各書店の店長の話を伺うと、学校関係は外部の人間を中に入れないようにしていることを知り、電話での問い合わせや直接訪問はしないことにしました。その代わりに私の書籍を店頭販売されている書店のリストと、店頭販売用の看板を各私立小学校、名古屋市立小学校に郵送しました。

そして、各書店にはそのリストを送った学校名のリストを郵送して、今回のプロモーション活動を終えました。

(書籍広告)

◇◇**好評発売中**◇◇

Phonics 英会話教育法
小学生からのフォニックス習得で Native に勝つ！

伊藤 千明　A5判 並製　116頁　定価 2700円 (税込)

本格派児童英語教育の TEXT BOOK - CD 付録！
小学校の6年間で児童に英会話を習得させられる
驚きの指導法を22年間の実績を持つ
「子供英会話スクールリトルビレッジ」が公開！

Point1　日本語と英語の5つの大きな特徴の違いを先に教え、後の語学学習
　　　　の混乱を避ける。この指導法で短期間での Level Up に成功！
Point2　Phonics の基本文字音素を英語のひらがな、複合文字音素を英語の
　　　　漢字として紹介、決まりの文字は英語の熟語という表現を使い、文
　　　　法は英語のルールとして教え、児童に興味を持たせる。Phonics の
　　　　習得で英検合格者を多数輩出。
Point3　Phonics の啓蒙、文法は児童の想像力や探求心を生かした質問型指導法。
Point4　言語その物が文化であるという視点から、言語の背景である文化やその行事の始まりを教える。
Point5　卒業生たちの実名でのコメントやエピソード。

外国人タレントのダニエル・カールさんも、その指導法を絶賛。

● 著者からのメッセージ

この本は日本全国の英語を子供たちに教える英会話教室の
関係者、小学校で児童生徒達に英語を教えなければならな
い学校の先生方、自分の子供に将来英語を話せるようにな
ってもらいたいと考えている父兄の方々、これら全ての方
たちに Phonics の素晴らしさを知らせたいと思い、出版を
決意しました。日本の子供達が国際的知識や感覚を十分に
備えた国際人として活躍してくれることを願っています。

あとがき

　50代で初めて語学留学をして、本格的に海外で、しかも他の外国から来た現役大学生達と肩を並べてここまでやってこられたのは、すべてリトルビレッジの元生徒達のお陰です。私の教え子たちが優秀で有能な人材に育ってくれ、実社会で語学力を生かして社会に貢献している事実を知るに付け、私も負けてはいられない、彼らのお手本にならなければいけないと頑張ってきました。言葉を変えれば、彼らが私のライバルであり、モチベーションでもありました。

　2018年5月に、元生徒の真理ちゃんが留学先のメルボルンから私に会いに来てくれ、私のアパートメントに1泊をして、マンリーとシドニーのシティを案内しました。彼女は5歳から12年間、私のスクールで英語を学び、愛知県立の英米科に進学しました。その大学で満点が9のIELTS（アイルツ）を受験して、いきなりBando Score（バンドスコア）6をマークしたのです。この数値はオーストラリアの大学で、留学生として入学が認められるレベルです。私のスクールの生徒達は実に優秀です。

　英語教師の資格が何もない無名の私の書いた英語教育の本を、リトルビレッジのことも私のことも何も知らない一般の読者が信じてくれるはずがないと思い、オーストラリアへ行き、TESOL IV（テーソル・フォー）の資格を取ることを決意しました。そして、1年と2カ月で無事にそれ

を取得できました。その後はさらに語学力に磨きをかけるために、2017年、ケンブリッジ受験へコース変更をしたために受けられなかったIELTS（アイルツ）を受験しようと、再びスクールに戻り、また若い人達と共に勉強をしました。

この本も、その受験コースが始まるまでに書き終えました。この本の出版も、先の出版書籍のプロモーションが目的です。語学は一生勉強です。これで終わりということがないのです。

私は2019年の2月に完全に帰国します。日本に帰ったら書店巡りをして、『Phonics英会話教育法』の書籍のプロモーション活動とTESOL IV（テーソル・フォー）で身に付けた英語教授法を活用して、無料レッスンを開催していきたいと考えています。

書店で読者の皆様にお会いできればと思っております。

追伸あとがき

ここでペンをおくつもりでしたが、オーストラリア滞在で、最後にまた夢を実現させることができました。前年に受講をしていたKaplan（カプラン）に戻り、IELTS（アイルツ）のクラスを受講する予定でしたが、その受講が始まる前に、カプランからLexis English School（レクシス・イングリッシュスクール）に学校名が変わってしまいました。その学校名が変わる前から校長のローサにカプランの生徒に無料で英語を教えたいと依頼をしていました。

アメリカの本校にまで問い合わせをしてくれたのですが、受理されませんでした。ダメ元で、Lexis（レクシス）のDirector（ディレクター）のフィリップにも依頼をしたら、まず履歴書とTESOL IV（テーソル・フォー）の画像を彼のPC（パソコン）に送るように指示されました。その書類と共にIHで作成したレッスン予定のTeaching Planning（ティーチングプランニング）も添付をしたところ、私のレッスン内容が気に入られ、なんと教授法の資格を取得して、初めてオーストラリアで、しかも、ボランティア活動で教えるのではなく、語学スクールの教師の一員として英語を教えることが許されたのです。

　これが最終目的だったので夢のようでした。

　第1回目のTeaching（ティーチング）では、Low intermediate（ロー・インターメディエット）から2名生徒が参加をしてくれ、レッスンの最後に拍手が起きました。二度目のTeaching（ティーチング）では、さらに下のクラスレベルのElementary（エレメンタリー）から、今度は生徒4名の参加で、このレベルの生徒に教えるのは、IHでは教授法を学んでいないために、とても緊張をしましたが、私のレッスンを受講した生徒達から教室を出る前に、「楽しかったね」とお互いに言い合っている様子を見て、心の底からホッとしました。

　この2回のレッスンの成功で、2019年の1月にも、あと2回、Teaching（ティーチング）をすることを許可されました。レクシスのディレクターのフィリップは私の初めてのTeaching（ティーチング）に参加をしてくれ、レ

ッスン終了後にFeedback（反省会）までしてくれました。

　本当に良い人です。これがIHなら、彼の仕事にお金を支払わなければいけません。またしても天が味方をしてくれたようです。その後、3回目のTeaching（ティーチング）はElementary（エレメンタリー）のクラスから3名受講され、初めてイタリア人の生徒から"Teacher"「先生」と呼ばれました。Elementary（エレメンタリー）の生徒達には大変なチャレンジでしたが、リスニングレッスンが入っているカリキュラムを使用しました。でも、なんとか理解されたようです。4回目のTeaching（ティーチング）は、なんと3人の受講生が全員レベルの違うクラスからの参加でしたが、全員日本人生徒でした。日本人は文法に強いため、最後のレッスンをリーディングレッスンのカリキュラムにして、そのレッスンも無事に終えてLexis English School（レクシス・イングリッシュスクール）のコースも出席率100％で終了しました。

帰国後現在の活動

　2019年9月1日には子供英会話スクールリトルビレッジの元生徒の保護者から愛知県内の国際交流協会の定例会で講演依頼を受けました。過去の英会話スクールの経営、海外留学、今後の展望や活動について話を聞かせていただきたいとのことです。先日、講演させていただきましたが、大成功でした。国際交流協会の副会長は高校の英語教師で、今まさに現場で生徒達への英語教育に悩んでいると話してくれました。

私の考え方におおいに共鳴し、私の書籍も購入して他の人にも読むことを薦めたいと言われました。今後の活動についてはInstagram（インスタグラム）を開設しましたので、興味のある方は是非、Follow（フォロー）をお願いいたします。IDはcharlie.ito.kaplanです。将来、出版書籍の印税で、経済的な理由で留学を断念しなければならない学生達の援助ができる基金の立ち上げができればと考えています。

著者プロフィール

伊藤 千明（いとう ちあき）

高校卒業後、名古屋モード学園で4年間洋裁とデザインの勉強をし、ワーキングホリデービザでオーストラリアに行き、ドレスメーカーの仕事をオーストラリア人とのシェアハウスでする。
帰国後、モリリン株式会社、タキヒヨー株式会社の企画室でアパレルデザイナーとして働く。3年半後、再びSydneyへ行き、Ark Fashionで採用されるが、Working Visaが取得できず帰国。再びデザイナー職につくが、起業を考えるようになり3度目の渡豪をし、帰国後「子供英会話スクールリトルビレッジ」を開校し、成功させる。2016年10月に『Phonics英会話教育法』を出版。同年11月、22年間経営した英会話スクールを閉校し、翌月にオーストラリアへ留学。2018年3月に世界で認められているTESOL IV（英語を母国語としない人に英語を教える教授法）の資格を取得する。現在、書籍のプロモーションで各書店のWork Shopで英会話を教え、講演活動を推進。
資格：TESOL IV（オーストラリア政府認定の英語教師）
　　　2級日本語教師（外国人に日本語を教える資格）
　　　洋裁正教員

50代で初の海外留学 人生で夢をすべて実現！

2019年11月15日　初版第1刷発行

著　者　伊藤 千明
発行者　瓜谷 綱延
発行所　株式会社文芸社
　　　　〒160-0022　東京都新宿区新宿1－10－1
　　　　　　　　　電話　03-5369-3060（代表）
　　　　　　　　　　　　03-5369-2299（販売）

印刷所　株式会社フクイン

Ⓒ Chiaki Ito 2019 Printed in Japan
乱丁本・落丁本はお手数ですが小社販売部宛にお送りください。
送料小社負担にてお取り替えいたします。
本書の一部、あるいは全部を無断で複写・複製・転載・放映、データ配信することは、法律で認められた場合を除き、著作権の侵害となります。
ISBN978-4-286-21068-1